1. 黑龙江省教育科学规划重点课题:“双减”背景下的“五育”课程体系建构研究(课题编号:JJB1423113)
2. 黑龙江省教育学会教育科学研究“十四五”规划一般课题:“依托民族传统文化”构建小学艺术课程体系研究(课题编号:kt2022032810024950852)
3. 哈尔滨市教育学会“十四五”教育科学研究规划重点课题:小学家校共育分类关注与个体施教的实践研究(课题编号:HXHZ-145-230300077)

育“根”之旅

刘红艳 著

哈尔滨工程大学出版社
Harbin Engineering University Press

图书在版编目(CIP)数据

育"根"之旅 / 刘红艳著. —哈尔滨 ：哈尔滨工程大学出版社, 2024.3

ISBN 978-7-5661-4211-5

Ⅰ. ①育… Ⅱ. ①刘… Ⅲ. ①教学研究 Ⅳ. ①G420

中国国家版本馆 CIP 数据核字(2024)第 037599 号

育"根"之旅

YU "GEN" ZHI LÜ

选题策划 邹德萍
责任编辑 邹德萍
封面设计 李海波

出版发行 哈尔滨工程大学出版社
社　　址 哈尔滨市南岗区南通大街 145 号
邮政编码 150001
发行电话 0451-82519328
传　　真 0451-82519699
经　　销 新华书店
印　　刷 哈尔滨午阳印刷有限公司
开　　本 787 mm×1 092 mm　1/16
印　　张 8.5
字　　数 91 千字
版　　次 2024 年 3 月第 1 版
印　　次 2024 年 3 月第 1 次印刷
印　　次 ISBN 978-7-5661-4211-5
定　　价 39.80 元

http://www.hrbeupress.com
E-mail:heupress@hrbeu.edu.cn

前　言

养德润心，做有根的中国人

刘红艳

“欲求木之长者，必固其根本”“有根株于下，有荣叶于上”。真正的教育应该是育“根”的教育，寻德行涵养之根、文化底蕴之根、强身健体之根、艺术修养之根、劳动实践之根，实现“五育”之并举。围绕“养德润心，做有根的中国人”这一办学目标，依托传统文化育人的实施载体，学校进行了“培根”之育，开启了“植根”之旅。

百年积韵，根深至远。立足校情，满足生情，通过“师者养德，扎根教育；学子润心，育根奠基成长；师生携手，共同厚植中国传统德行之根”，来溯“自信教育”学校办学特色之源，润自信之本，育地域之根、民族之根，培养王岗人做有自信的、有根的中国人。

——此乃扎根之“源”

秉承“立德树人，立学成才”的办学理念，以“养德润心，做有根的中国人”为学校的办学目标，凝心聚力争办“温度（教育情怀）与高度（教育质量）相得益彰”的现代优质学校，以此确立学校“三风一训”（立德修身、儒雅向上的校风，静心教书、潜心育人的教风，勤学、乐学、善学、博学的学风，知恩感恩、知责尽责、自尊自爱、自立自强的校训）。

——此乃培根之“土”

有生命力的教育，方能使根深叶茂；有生命力的课程，才能让百花绽放。为促“双减”落地，贯彻课程育人的理念，我们的课程改革目标聚焦在探寻学生发展的本质需求上，以“养德润心”为着力点，以核心素养为导向，以特色课程为载体，打造具有民族传统的、校本化的“五育融合”课程品牌，探索适合自己的校本课程体系，追求自己的教育风格，形成自己的校园文化。

——此乃育根之“道”

目　录

内涵解读篇

教师发展篇

学生成长篇

家校共育篇

附　录

内涵解读篇

“立德修身，儒雅向上”解读

王岗镇中心小学校的校风是“立德修身，儒雅向上”。人无德不立，立德为先，修身为本，这是人成长的基本逻辑。

立德，是树立远大理想、提高思想道德素质。在生活中，我们要勇于承担责任、积极承担责任，做一个负责任的人，要时刻牢记自己的责任与使命，有社会责任感。修身，就是要求我们在日常生活中严格要求自己，把自己塑造成一个文明的人，增强自己的社会责任感，培养吃苦耐劳、勤劳勇敢、自尊自立、自信自强的良好品质。立德修身，就是要培养家国情怀、家庭美德、个人德行。

儒雅，是“腹有诗书气自华”的厚积与薄发，是温润中透着的典雅，祥和中渗出的厚重。追求“儒雅”就是光大传统文化，追求“向上”就是弘扬国人精神。儒雅向上，既是有品位的教师、有品位的学生、有品位的学校的重要内涵,又是实现学生健康成长与成才、教师成长与拥有幸福的教育生活、学校内涵式发展与彰显教学特色的正途。

在"立德修身,儒雅向上"校风的基础上,学校提出了"知恩感恩、知责尽责、自尊自爱 、自立自强"的校训。

教风：静心教书、潜心育人

“道合言正，心宽体仁”解读

王岗镇中心小学校的教风是“静心教书、潜心育人”。教师如何能静下心、潜下心呢？在“立德树人，立学成才”的办学理念指引下，我们提出“道合言正，心宽体仁”的教师文化，以此来引领教师的成长，助力王岗镇中心小学校教风的形成。

“道合言正”，“道”取“德重道高”“志同道合”两重含义，即“道德、道理、途径”均“合”；“言正”为“人正、身正、行正、言正”这“四正”之简约说法，寓意为做人有底蕴、做事有根基。以此来打造志同道合、正己修身、和谐向上的王岗镇中心小学校教师风尚。

“心宽体仁”来自《礼记·大学》中的“德润身，心广体胖”，《周易》中的“君子体仁，足以长人”，取其“心胸开阔，躬行仁道”之意。“宽以居之，仁以行之”，即通过涵养包容，使所聚所辨之理能安居于心，以“远大”作为内心的目标，并以仁爱之心行事，以“仁义”作为履行的责任，以塑造自身的良好品德作为行为的目的，并每天落实到行动上。以此来树立心怀仁爱、师德高尚、躬身力行的王岗镇中心小学校教师品格。

在“培根铸魂”的基础上，自然能够形成“静心教书、潜心育人”的教风。

学风：勤学、乐学、善学、博学

"品端体健，笃志力行"解读

王岗镇中心小学校的学风是"勤学、乐学、善学、博学"。依托学校"根"的教育，我们提出培育"品端体健，笃志力行"的王岗镇中心小学校学子的成长之根，以这样的文化来滋养学生的学风。

"品端体健，笃志力行"，其意外浅内深，现诠释如下。

"品端"取自"品行端正"一词，释义为人品良好，行为举止合乎规范，出自《庄子·天地》中的"端正而不知以为义，相爱而不知以为仁，实而不知以为忠，当而不知以为信"。

"体健"，即为身体健康。"人以正为贵，体以健为贵"，身心健康、品格高尚、行为规范，这是一个人的成长之根、立世之本、发展之基。

"笃志力行"，"笃志"就是坚定目标，即"有恒为成功之本"，这个“笃”取坚定、不改变、有毅力之意，亦为一心一意、专心致志；“志”意为志向、意志、志气、志趣。人不仅要“笃志”，而且要“力行”，努力实践，竭力而行，做到知行合一。孔子说：“力行近乎仁。”《弟子规》中说：“不力行，但学文，长浮华，成何人。”

可谓，专注体健品端立人，潜心笃志力行致远。

"知恩感恩、知责尽责、自尊自爱、自立自强"解读

秉承"立德树人,立学成才"的办学理念,王岗镇中心小学校创新性地以"养德润心,做有根的中国人"为办学目标,依托"师者养德,学了润心",共同厚植中国传统德行之根,提出了"知恩感恩、知责尽责、自尊自爱、自立自强"的校训。

一、知恩感恩

知恩,是一个人的善念之源,也是人性底蕴。一个人自出生的那一刻起,就处处享受着来自各方的恩惠:最先接受的是父母之恩,尔后接受的是教育之恩和民族、国家之恩。受人之恩者须知人之恩;人只受恩,不知恩,何谈感恩,更谈不上向他人施恩。"鸦有反哺之义,羊知跪乳之恩",人非草木,孰能无情。我们要知恩于心,感恩于行。感念父母生养抚育之恩;感念师长启我懵懂之恩;感念贵人提携之恩;感念朋友危难救急之恩…… 这是

一种大爱,是一种责任,是一种追求阳光人生的精神境界!更是扎根筑魂的基本保障!

二、知责尽责

感恩是做人的根本,尽责则是做事的准则。"知责之心"是尽责的前提,因为只有明确自身职责,明确责任的内涵和要求,才知道如何自觉地去尽责、负责。古人言:"论先后,知为先;论轻重,行为重。"这说明,尽责是通过行动和干事得到落实的,因此不可做言语的巨人、行动的矮子。一个人选择了当老师,其实就是选择了责任,就要尽到教书育人、立德树人的责任,并把这份责任体现于平凡、普通、细微的教学生活之中。

三、自尊自爱

正是因为有了上面的两大支撑——感恩之心、担责之举,我们才会修养自身、发展自身、服务社会。自尊自爱是每个人对内的修养,"言为心声,行为心表",美好的行为是美丽心灵的表现。一个人可以没有荣誉和鲜花,但绝对不能没有自尊。只有尊重自己,才能尊重别人,才能赢得别人的尊重。所以我们应该陶冶自己的情操,用一颗真诚、善良的心去对待周围的一切。在相互理解的基础上,从自我做起、从点滴做起,在日常言行中展现自己文明有礼的形象。

四、自立自强

在这人世中,想生则要根稳!想稳则要挺立!想立则要行世!想行世则要自强!自古以来,自立自强就是中华民族的传统美德,这是流淌在中华民族文明血管中生生不息的血液,是中华民族精神的精髓。一个人只有自立,才能够走向自强;一个人只有自强不息,才能够做到坚韧不拔;一个人只有不畏困难与挫折,才能够做到志存高远!

教师发展篇

传道始为先，育人先育己
——教师发展之道

“三寸粉笔，三尺讲台系国运；一颗丹心，一生秉烛铸民魂。”教师是校园里最持久、最耀眼、最有底气的存在。“铁打的营盘流水的兵”，一个人遇到好老师是人生的幸运，一个学校拥有好老师是学校的光荣。教师文化是学校办学的底气所在，每位教师都有责任传承和创造优质的教师文化，让文化中充满爱与责任。

韩愈在其《师说》中云：“师者，所以传道受业解惑也。”（受：通“授”，教授、传授。）传道在前，授业在后。为师者，应该保有“传道始为先”的自觉，既教书又育人，在履行授业解惑职责的同时，向学生传授规矩之道、精神之道、品格之道，将知识的讲授和道德信仰、理想信念的教育相结合，通过言传身教，使学生能够自觉立志修身，守规矩、改陋习、存爱心，一步步趋向正途。

“育人”，是教师的天职；“育己”，其核心就是教师的自主发展。“传道者自己首先要明道、信道。教师要坚持教育者先受教育,努力成为先进思想文化的传播者、中国共产党执政的坚定支持者,更好担负起学生健康成长的指导者和引路人的责任。"教师传道授业解惑,要在学懂、弄通、做实上下功夫,要强化自我要求、自我教育、自我提高,慎言慎行慎独,知行合一,"言必信,行必果"。

教师文化是学校发展的历史积淀,植根于学校的发展。学校应通过厚植情怀、共建愿景、专业引领,为教师营造一个心灵的栖园、成长的生态园、共处的怡园和生活的乐园,引领教师成长,促进教师的专业发展。

让教师在培根筑魂中实现成长
——教师队伍建设框架

教育是国之大计、党之大计，教师是立教之本、兴教之源，优秀的教师团队是学校发展的核心竞争力。一个团队中，只有每位教师均最大限度地发挥自己的潜力，在团队目标协调一致的基础上团结合作、共同进取，才能降低内耗，激活团队中每一个人的动力，发挥团队整体力量，才能更好地促进每位教师的成长，才能产生“1+1>2”的团队协同效应。因此，在社会分工不断细化、课程改革全面推进、教育竞争日趋激烈的今天，我们不能仅仅关注教师个体的专业成长，只培养几位名教师，而是应关注每位教师的专业成长状态，关注教师团队精神的培养和团队力量的凝聚，努力打造具有团队意识、合作能力、进取精神的德才兼备的教师队伍。

王岗镇中心小学校目前有教师 89 人，平均年龄 40 岁，均为本科以上学历，其中研究生学历 19 人。多年来，学校重视不同梯队教师的专业化成长，拥有省级骨干教师 1 人、市级骨干教师

9 人、区级骨干教师 18 人。近年来,随着招聘的应届毕业生的补充,学校青年教师比例逐渐提升,青年教师人数占到教师总数的 30%。

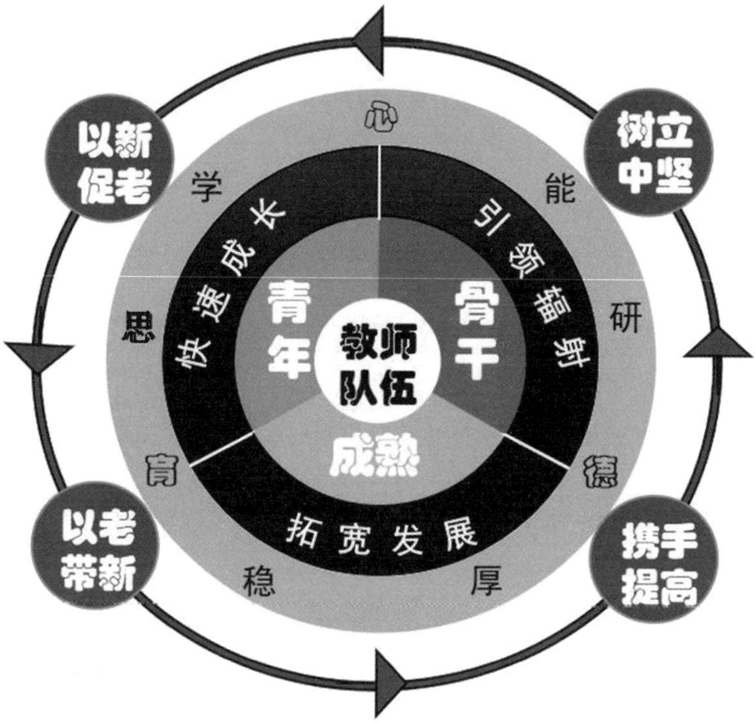

针对教师队伍情况,学校不断优化教师队伍结构,致力于教师队伍建设改革,完善管理机制,确保教师队伍建设稳步推进。经过几年的努力,学校逐渐形成了有梯度的教师培养体系,组建了"青年教师成长团队",立足岗位培训和专业素养提升,以课堂教学为抓手,全面促进青年教师快速、扎实成长;组建了"骨干教师引领团队",提升骨干教师的新发展能力,强化其引领辐射作用;组建了"成熟教师深耕团队",打破教师成长瓶颈,拓宽

发展辐射面。学校以“养德润心”为培养基调，对于骨干教师，侧重专业能力的提升，增“才”之长板；对于成熟教师，稳中求厚，打学校之底色，增“德”之长板；对于青年教师，使其通过学习与思考，力争“德才兼备”式成长。在“树立中坚、以新促老，以老带新、携手提高”的教师发展思路指导下，学校搭建多元化的教师成长平台，实现教师成长的“自育”和“互育”，促进教师的成长。

“国将兴，必贵师而重傅。”教师是立教之本、兴教之源，是教育事业发展的基石。强化教师队伍建设，打造高素质专业化的教师队伍，是党和人民所需，是时代所需。师资队伍建设任重而道远，我们将在今后工作中不懈努力，有针对性地制定整改措施，把教师工作的积极性、主动性、创造性更好地发挥出来，争取在教师队伍建设方面再上一个新台阶，让教师的专业素质在梯队建设中不断提升，让教师在培根筑魂中实现成长，让王岗镇中心小学校逐渐形成“道合言正，心宽体仁”的教师文化，“静心教书、潜心育人”的教风。

德才兼备,成长有"道"

——青年教师发展途径

青年教师是学校发展的希望所在,一所学校的未来主要依靠青年教师。如果青年教师拥有过硬的思想素质和良好的专业素养,那么学校和学生的发展就后劲儿无穷。助推青年教师成长,学校责无旁贷。学校要为青年教师成长营造良好的氛围,引领正确的发展方向,搭建适合的成长舞台,在"凝心铸师魂,立德育新人"的基础上,促进青年教师在教学实践、教学方法等方面主动积极钻研,引导青年教师快速健康成长。

对于青年教师的培养,我们始终坚持"双线"并行,努力打造德才兼备的王岗新生力量。培养的原则是"德"过关"才"培养,"德弱才等","德才"相配,协调发展。在常规的"立德树人"的教育活动中,我们针对教师个性化的表现进行一对一、点对点、问题对问题的教育,促其快速改变和成长,此过程循环往复、螺旋上升,直到真正改变再"投入"大队伍中。在关注教师品德素养的基础上,我们依托"草根研社",从教、培、研、学等方面对教师进行专业培养,下面是具体的路径。

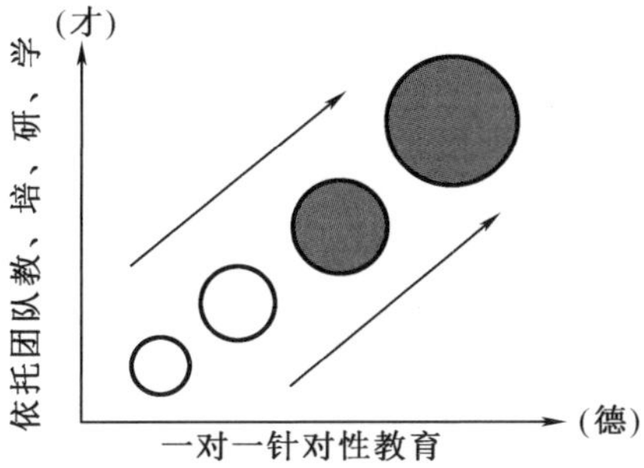

一、锤炼内功,让青年教师努力有方向

1. 习课标,紧跟前沿

课程标准是教师进行教学活动的指明灯,是教学的出发点,更是教师教学的最终归宿。为了更好地领会和贯彻《义务教育语文课程标准(2022 年版)》精神,帮助教师做到"心中有标,胸中有本,手中有法",学校组织青年教师开展了如火如荼的新课标学习活动。教师们采取线上观摩和线下研读、评课议课与反思总结相结合的学习模式,从而更好地把握新课标的实质和主要变化,切实将新课标的教育理念落实到教学中去。

通过新课标学习,青年教师能更加明确前进的方向,做到心中有课标、教学有方向,在教学实践中落实新理念、探索新方法、实现新突破。同时,为了更好地激发青年教师学习新课标的热情,检验其学习效果,学校定期组织青年教师进行课程标准理论测试。

2. 学名家，丰盈羽翼

青年教师只有不断学习新的理念、获取新的知识，才能紧跟时代步伐，走在教育的前沿。学校不遗余力地推动"青蓝工程"，促进青年教师专业化成长，精心挑选全国各地优质教育教学资源，以 CCtalk、小盒教师等学习平台为依托，采取"引进来"的方式，开展专家线上培训和名师、优秀团队优质课观摩活动，以此丰盈青年教师的羽翼。

这些丰富的经验无疑让青年教师在今后的教学道路上走得更稳、更远。通过线上观摩活动，青年教师领悟到了"教、学、评"一致是提升小学语文课堂教学质量的有效手段；领悟到了大单元背景下如何更好地落实语文要素；领悟到了如何系统建构单元板块；领悟到了新课标背景下如何培养学生核心素养。在观摩学习后，青年教师对比自身教学，进行深刻反思，找到自身不足，调整教学策略。经过多次潜心笃志的学习和观摩，青年教师的教学思想从原来的稚嫩逐渐变得成熟，专业化技能也有了更大的提升。

3. 书字画，墨香致远

教学是一门艺术，更是一门技术。为进一步夯实青年教师的教学基本功，营造"写好字、好写字"的良好书写氛围，推动教师专业化发展，增强课堂教学的实效性，提升课堂教学的质量，更好地为教育教学服务。为了让青年教师走得更远，我校聘请专业书法老师为青年教师的"每日习字"进行细致点评。笔墨润心，古韵浸魂。青年教师秉承着一以贯之的精神，每天坚持练字，每周坚持绘制板画，无论是书写能力还是绘画功力都有了巨大的提升。每位教师在自己的岗位上勤学苦练，提高专业技能，不断完善自我，做到握住手中笔、挥智洒汗间。

4. 研微课，提升信息化水平

研微课是教师钻研教材、探讨教学方法、实践教学手段、不断提高教育教学水平的一种新方法，也是促进教师专业化发展的有效途径。“合抱之木，生于毫末；九层之台，起于累土”，教学技能的提高源于一点一滴的积累。

我校一直心系教师、心系学生，希望通过微课不断促进青年教师夯实教学基本功、提高教育教学水平、提升教学质量，也让学生收获更多的知识。“草根研社”的青年教师研磨开发了“识字溯源”“玩转成语”“声动王岗”“趣味数学”“爱上阅读”五大主题微课，以“小”“实”“新”“效”为特点，推动教学研究走深、走实。

“识字溯源”组的教师们利用字理识字激发学生的兴趣，使学生识一字通百字。

“玩转成语”组的教师们在讲、寻、解、联、用的基础上融入了识一词通百词，使学生认识了更多的成语。

“声动王岗”组的教师们精心选材，对文本进行深入解读，再进行示范性情景朗读，使学生被优美的声音所感染，在师生间和学生间激起朗读的热潮。

"趣味数学"组的教师们针对不同学段的学生提出不同深度的思考问题,激发学生学习数学的热情,让学生知晓数学与生活是息息相关的。

"爱上阅读"组的教师们选取文质兼美且能引发学生深度思考的文章,激发学生的阅读兴趣,传授其阅读方法,培养其阅读习惯,提高其审美情趣,提升其阅读能力,从而使学生受益匪浅。

"一个人可以走得很快,一群人才能走得更远。""草根研社"的青年教师以此为契机,扎实研究,全面提升教育教学信息化水平。

二、结好对子,让青年教师成长有助力

青年教师从象牙塔走上三尺讲台,工作的头几年对其职业发展至关重要,这决定着青年教师未来的发展方向。俗话说:"一个好汉三个帮,一个篱笆三个桩。"我们扎实推进"青蓝工程",做好青年教师结对帮扶工作,为每一位青年教师找"师傅",缩短青年教师的成长周期,让他们迅速向"合格教师""骨干教师""卓越教师"靠拢。在强化"师傅"引导的同时,通过举办教材解析、教学设计、课堂教学、听课研课等活动,引导青年教师主动总结教育教学经验、反思教育教学实践。

三、搭稳台子,让青年教师发展有空间

想要释放青年教师的激情和才华,就需要为其创设登台亮相、脱颖而出的舞台，为青年教师提供施展才能的空间。

1. 搭建师德锤炼平台

学为师之骨，德为师之魂。我校通过开展师德演讲、我的教育故事会、“师德十条红线”等学习活动，引导青年教师修身立德、调整工作状态、激发教育情怀；通过开展“一对一谈心”交流，关注教师心理，对其进行情绪疏导，使其树立正确的认知导向；通过开展正、反面案例分析，引导教师跟进新时代发展，依法依规知敬畏，真正地用爱去做教育，爱学生、爱岗位、爱学校。教师应把爱岗敬业、依法执教落实到每一天、每一节课、每一分钟，落实到可感知、可细化的行动上。

2. 搭建专业成长平台

课堂是教师和学生共同成长的土壤，为了充分调动教师的积极性，让其积极投身于课堂教学改革之中，提高教学教研水平，学校要指导教师认真研究课堂教学，及时发现问题、查找不足、研讨策略、总结经验，从而不断增强课堂教学的有效性，为创设高质量的有效课堂教学打下坚实的基础。学校要为教师搭建多种促进其专业成长的平台。

（1）同课同构，构出精彩

“同课同构”是由同学年教师进行集体备课，深入挖掘教材内容，然后让各位教师的教学资源、教学理念和教学思路在充分讨论的基础上得到整合，最终确定统一的教学目标、教学重难点、教学方法和教学手段，形成统一的教学设计与多媒体课件。

在集体备课活动结束后，青年教师在各自的班级进行演绎式教学。

同样的教案呈现不同的教学效果，是什么原因？是教师个人底蕴差异，还是学生基础不同？是临场调控出现问题，还是学习氛围不对？是教师个人风格与教学设计不匹配，还是学生集体学习风格与教学设计不契合？……课后，教研团队进行研课，对比分析原因，寻找对策，然后再进行授课，进而总结规律性的教学经验。

这样的“同课同构”还适合于青年教师“克隆”名师课堂。模仿，是学习本领极为重要的途径，对于任何人都适用。青年教师在起步阶段会反复观看名师录像或阅读课堂实录，然后借助名师的设计，在自己的班级里试着上上看。这种“试着上上看”，其实是另一种形式的“同课同构”。从学不像，到慢慢地越学越像。甚至可以把名师的设计演绎得“以假乱真”，这就是进步。虽然，青年教师还停留在“模仿秀”的阶段，但这种模仿对青年教师教学技术的提升作用是很大的。

(2)同课异构，彰显特色

在“同课异构”课堂教学活动中，我校为青年教师提供交流互动的平台，使同学年教师共研同一课题，展示不同的教学风格，即对教材不同的处理、对学生不同的指导方法、板书不同的书写方式等，从而展示各位教师对教材独特的理解。

我校紧紧围绕提高课堂教学质量这一主线，通过“选定同一课题——个人教学设计——同课异构付诸实践——课后评议互助提高"等环节，帮助教师潜心研究教材、理解教材、激活教材，解决教学中遇到的实际困难，打开思路，真正实现同伴互助。同时发挥教师的创造性，使教师形成个性化教学风格，促进教师的专业化成长。

需要指出的是，"同课异构"不是仅仅作为"看点"，而是通过"看点"去"看见"，看见文本解读的异同，看见目标制定的异同，看见课堂实施的异同，看见教学智慧的异同。然后，求同存异，深入思考教学内容的选择、教学目标的制定、教学板块的推进……唯有深入思考，才能从"同课异构"中获得足够多的启迪。

(3)异课同构，探讨策略

异课同构是指研究同一类型的课程，从中把握这一类课程的教学规律。为了磨炼青年教师的课堂教学技能，学校以科研为引领举办了主题式课堂教学研磨活动。如：数学学科的"计算教学"，语文学科的"识字教学""古诗教学"……通过一系列课例的研究，青年教师会逐渐发现教学的规律与路径，一类一类地研究，其教学智慧一定会慢慢增长。

学校在教学活动开展过程中不但不局限于授课，还同步开展教材解析、课堂展示、课后评议。这样的教学活动，把课程置于更宏大的背景下，在充分、反复的比较中思考、辨析、提炼，不但能发现同类课程的教学路径，还能让每一位教师认知到教学研究的本质。

3. 搭建内涵提升平台

读书使人芬芳，书香让心宁静。学校根据青年教师的阅读兴趣，为其推荐了教育类专著，使其可以在假期以及平时进行阅读，并提出明确要求：坚持读书促进思考、思考促进成长的原则，将精读与泛读相结合、必读书目与自选书目相结合、读书与摘录相结合、读书与反思相结合。学校力求让青年教师静下心来多读书、读好书，不断提升个人修养和内涵。学校每学期都会举办一次读书沙龙，教师们在读中思、在读后研，共同分享交流，形成思维碰撞，从而不断提升专业素养和教育科研能力。

四、压实担子，让青年教师前进有动力

青年教师精力充沛、思想活跃，有“初生牛犊不怕虎”的闯劲儿，但也存在教学阅历浅、经验不足等问题。学校通过给青年教师提要求、压担子，鼓励他们大胆工作、勇挑重担。

1. 常态课堂要实效

教学质量的提高关键要看课堂教学质量。教师要根据各级学生的基础和不同特点，制定教学目标，使“向 40 分钟要质量”的口号真正落实到每一堂课，充分发挥课堂的主渠道作用。

学校领导采用随堂听课、推门听课等方式进行常态化的课堂调研，课后与教师一对一进行交流，指明方向，给出诊断性评价。同时结合调研推选优质课，定期开展青年教师示范课、优质课观摩活动，不但可以激发青年教师研究课堂教学、改革课堂教

学的积极性和热情，还可以使青年教师通过观摩活动共同研讨课堂教学改革的经验和做法。

2. 常规检查要质量

教学常规工作是教学工作的基础，只有扎实抓好常规工作，才能不断提升教学质量。为加强教学常规管理，学校采取师傅常态督查、月末教务处普查、期末跨学年互查等相结合的形式，进行教案查阅、课例研讨反思等，在“精”字上提要求，在“细”字上下功夫，在“实”字上做文章，为青年教师把脉教学，逐步提升其教育教学水平。

树因有根而坚固茂盛，水因有源而长流不息，学校因常规管理而发展提升。以检查促规范，以规范促提升，通过检查发现典型，树立榜样；通过检查找出问题，及时整改，使教学管理常态化，进而促进青年教师教学质量不断提高。

3. 集体备课要亮相

集体备课也是提高青年教师整体素质的重要途径，不仅可以挖掘青年教师的个人潜能，而且可以充分发挥群体的作用。所以我们要求青年教师积极参与集体备课，大家集体研究，在资源共享和智慧碰撞中相互启发、相互促进，以达到共同提高。

(1)要求青年教师在集体备课前独立备课，认真钻研新课标、教参、教材，研究教法学法，以现代教学观念为指导，对授课内容进行科学分析，从而确定教学目标、重难点及教学方法等，并在此基础上总结学习目标，以及实现这些目标所需设置的学习任务和巩固练习。

(2)集体备课时,青年教师轮流作为主备人进行说课,其他青年教师参与,就主备人设计的集体备课方案中的各项内容发表各自的见解,决不当"听客"和"看客"。我们鼓励大家见仁见智,知无不言,言无不尽。教学设计是否体现了由浅入深、循序渐进的教学原则;是否其每个学习目标都有具体的操作活动;是否体现了"以学生的发展为本"的教学理念;是否落实了新课标所倡导的自主学习、合作学习、体验学习、探究学习、建构学习等学习方式;是否体现了开放性思维训练和创新意识的培养;是否设计了有针对性的课堂练习;是否有基础题和能力题;是否关注了重点、难点、考点;等等。

正所谓"三人行必有我师焉",集体备课可以为青年教师提供一个极好的发展平台,能够让青年教师与其他教师充分接触、交流探讨、取长补短,同时发挥个人的主体创造性,不断提高自己的教学能力,逐渐从教学新手成长为骨干教师,最终发展为专家型教师。

教师队伍建设是一项长期的系统工程,青年教师的培养任重而道远。以后我们将不断探索新的青年教师培养模式,有目标、有计划,创造性地开展教师培养培训工作,助力青年教师成长为德才兼备的优秀教师,成为学校夯实发展的后劲儿,为办令家长和社会满意的优质教育提供强有力的保障。

示范引领，促进发展
——骨干教师发展途径

学校是教育的发生地，要想从根本上提高学生的素质和文化水平，为新课程改革工作的推进创造条件，就要从建设高素质的教师队伍着手。骨干教师是教师队伍中的精英，是教育教学的领头雁，是影响教育质量的关键要素，所以要想让教育在课程改革背景下焕发生机和活力，就要从培养骨干教师开始，使其在多元化培训模式的支持下走上一条专业化的发展道路，让其在教育教学中发挥更大作用。

一、科学规划，确定目标

几年来，学校把骨干教师队伍建设作为加快发展和提高教育质量的关键，列入学校发展规划和年度工作计划，抢占教师队伍建设的制高点。学校明确了骨干教师的标准和培养目标，鼓励教师拔尖、“成名”，努力打造学校骨干教师队伍。

二、校本研修，推动发展

骨干教师培养是学校工作的重点，校本研修在促进骨干教师专业发展方面发挥着突出作用，可以满足骨干教师的专业发展要求。学校遵循选好对象、分层培训、讲究实效的原则，采用集中培训、师徒结对、课例研讨等形式，提高教师业务能力。同时，还定期邀请教育教学方面的专家走进学校，或者采用直播讲座的方式，让教师们聆听当前教育界的声音，学习前沿的教学理念，改进他们的教学方法，使他们能够在充足的养分中成长。

三、师徒结对，共同成长

"师徒结对"帮扶是由一位骨干教师带几个徒弟。在帮扶的过程中，或由青年教师上阵，或由骨干教师上示范课、观摩课，或师徒同上一堂课，或采取"师傅指导、徒弟执教、集体评课"的方式，骨干教师提高了自我反思、自主发展的能力，提高了实施素质教育的能力，形成了独具个人特色的教学风格，同时也能促进青年教师的专业成长。

四、压实担子，示范引领

学校明确要求骨干教师每年做到"四个一"，即上一次水平较高的公开课、带动一个学科组、在本校做一场专题讲座、参加一项市级以上教育科研课题研究。为了使骨干教师都能完成上述“四个一”任务，学校积极组织教师总结、交流教育教学经验，针对骨干教师开展培训，为骨干教师展示教研成果创造条件。近几年来，骨干教师在省级以上刊物上发表了多篇教研论文。学校通过压担子，使骨干教师有压力、有动力、有成就感，既促进了骨干教师的发展，又发挥了骨干教师的辐射引领作用。

五、制定标准，动态管理

为了加强教师队伍建设，不断提高教师整体素质，促进青年教师不断成长，培养一批思想作风扎实、教学水平较高、教研能力较强的高水平骨干教师，切实发挥骨干教师在教学中的示范带头作用，学校制定了骨干教师考核标准。该标准具体从六个维度对骨干教师提出了示范引领的要求，三星为达标，五星为优秀，学校每年度对骨干教师进行“定星”，并进行动态管理，如下表所示。按照这个标准，学校每年考核认定一次，从而使骨干教师整体素质有了明显提高。

维度	标准	评价
教学水平	勇于开展教学实践与创新，并形成一定的风格特色，教学效果明显	☆☆☆☆☆
示范作用	在学科教学中起带头和示范作用，每学年在本校上一到两次示范课，或参加一次区级赛课	☆☆☆☆☆

维度	标准	评价
教学成绩	积极探索提高教学质量的新路子,所任学科教学成绩较好,名次靠前	☆☆☆☆☆
教研论文	积极总结教改经验,认真撰写教研论文,每年有一篇以上论文在区级以上刊物上发表	☆☆☆☆☆
帮带工作	发挥帮带指导作用,承担培养1~2名青年教师的任务,具有明确的培养计划和活动内容,并在三年内将其培养成为校级骨干教师、教坛新秀	☆☆☆☆☆
班主任工作	班级管理规范,文化建设较好,凝聚力强,班风好,学风浓,学生综合素质高,学生在学校各项活动中表现优异	☆☆☆☆☆

建设高质量的教师队伍,全面推进素质教育,是不断提高学校教育教学质量和办学水平的基本保证。我们在以后将尽力拓展培养模式,在教育教学实践中真正发挥骨干教师的带头、示范和辐射作用,尽快把骨干教师培养成一代名师,促进学校教师队伍整体实力的全面提升,实现学校教育质量的飞跃式发展。

充盈丰厚，发展共赢
——成熟教师发展途径

中年教师在教学上和青年教师比，他们成熟、稳健，经过多年的锻炼，积累了一定的教学经验，形成了比较适合自身特点的教学模式。他们在对学生的了解、对教材的理解把握、对课堂的调控等方面，既有他们的优势，也有他们的劣势。

随着年龄的增长，中年教师的身体状况会或多或少地出现问题，家庭事务更为纷杂，老人、孩子都需要他们去照顾，且多年来也会形成一些不好的教学习惯，这些对他们教学工作的正常开展多多少少会有一些影响。鉴于此，为充分调动广大中年教师的工作积极性，学校成立了成熟深耕型教师团队，是继青年教师团队、骨干教师引领团队后，学校着力打造的又一重要教师团队，旨在增强教师归属感，增强集体凝聚力，唤醒初心，激发潜能。

事实上，这些教师不是学校的“夕阳红”，而是学校发展的宝贵资源和财富，他们教学经验丰富，管理班级的经验丰富，如能科学合理地充分发挥其"光和热",对于学校的可持续发展必将起到极大的推动作用。那么,如何让他们在专业上重燃激情、焕发光芒呢?

一、学习培训,转变思想

帮助教师转变思想观念是先导,有了思想才能指导行动,有了先进的思想才能保证取得高质量的效果。因此,我们把教师思想认识的提高和观念的转变,作为加强管理、推进教师进一步发展的切入点。

1. 学习培训,促进发展

学校采取走出去、请进来的办法,组织教师经常参与市区级教研学习,或者邀请名师到学校讲学,让教师了解新课程的理念,感受课堂教学的动态变化。

2. 博览群书,提高认识

阅读可使人增长智慧,阅读可为人生增添精彩。教师原有的知识水平根本不能满足现代教学的发展,因此学校鼓励教师多读教育类杂志,知晓现代课堂教学的特点及教学模式,在掌握教育思想动态变化的同时静心研究。

3. 教育随笔,增强内驱

鼓励教师写教育随笔,用教育随笔促进其专业成长。因为要写,所以要做;因为要写,所以要思考。边做边思、边思边写、边写边做，螺旋前进。长此以往，每位教师都会按新课程要求练就自身的本领，使自己的业务能力进一步得到提升。

二、搭建平台，实现价值

为使这支教龄最长、技术职称最高、专业水平较强的团队能够不断实现个人再成长、再跨越，学校搭建平台，让他们有“用武之地”。

1. 师徒结对，青蓝互动

深耕团队的教师在教育教学上有很多独特的经验，他们有的是教学能手，有的是市区学科骨干，有的是班级管理专家。通过师徒结对，他们能有效帮助青年教师快速成长，也增强了自己的信心。同时，根据教学相长的原理，他们在为青年教师成长提供条件和机会的同时，也为自身的进步增添了自我反思、继续发展的动力。

结对过程中，他们要以身作则，认真备课、认真教书、认真批改作业、认真帮助徒弟，不仅在教学方面给予悉心指导，而且在其他工作中甚至在生活中都要关心照顾徒弟。此外，他们还经常把自己和徒弟进行对比，勇于向自己的薄弱面进行挑战，从而弥补自己在认知、观念和行为等方面的不足，真正提升自己的专业水平。另外，青年教师也可以帮助深耕团队的教师提高现代教育技术应用的水平和能力。

2. 开放课堂,强化理念

许多研究证明,好教师需要有志同道合的同事共同努力、互相激励,且有空间开展教学工作。开放课堂,一方面可激发深耕团队教师自主发展意识,让他们在实践中真正领悟新课程理念,增长实践智慧;同时,也为其他教师(尤其是新教师)搭建学习、观摩、研讨的平台,形成全校性、开放性的研修氛围。另一方面可开拓教师的视野,通过同伴互助学习,使他们实现从理念到行为的转化,引导他们追求教育领域的新跨越。

3. 交流分享 ,唤醒初心

每一位深耕团队教师都有一段奋斗史,都有过深刻的思考。学校创设交流平台,让他们将自己的教育教学经验分享给团队内或校内的老师,这不仅是对个人经验的梳理与总结,而且可以让他们明白这些既是个人的珍藏,也是学校的宝贵财富,更是年轻教师学习借鉴的良策。这些分享中可能有成功的喜悦,也可能有伤感、失落、迷茫,但只要表达了自己真实的感受,他们就可以唤醒沉睡多时的斗志,就会为青年教师指引方向。

三、理解关爱,减轻负担

每一位教师都有长处,因此要善于用发现的眼睛去探寻教师的闪光点,帮助教师找到自信,给予教师工作的动力,促进教师提高内驱力,要为教师创设宽松、和谐、民主的学习氛围、教研氛围。不要用纪律、规则等去束缚教师,不能让教师时时、事事、处处围绕考核转，把学习、研究、教学当成任务去完成。要激发他们由要我学、要我做，变为我要学、我要做、我该学、我该做，让每一位教师时时刻刻都能保持忘我的工作热情，全身心地投入教学工作中。

另外，在不影响工作的前提下，可适当放宽对成熟教师的要求，比如，对其业务笔记不做具体要求、其备课不必写详案、其听课次数可少于年轻人，等等。

当前，每位深耕团队的教师都能自觉落实新课标要求，投身于专业成长的道路上来。同时，他们的成长也激发了青年教师对专业成长的强烈渴望，使学校真正实现了全校教师互学共进、和谐发展的目标。“问渠哪得清如许？为有源头活水来。”王岗镇中心小学校为教师的专业成长不断注入新鲜的活水，让成熟教师不断充盈丰厚，引领他们在教育教学的第一线劈波斩浪！

学生成长篇

守住民族根脉，厚植文化底蕴
——学生成长之道

"中华优秀传统文化是中华文明的智慧结晶和精华所在，是中华民族的根和魂，是我们在世界文化激荡中站稳脚跟的根基。"何为根？木下为本，本之为"根"也。根，始终深深地扎入泥土之中。文化之根脉，乃血脉相传的基因，是伴随着生命繁衍镌刻在人类生命体上的一种符号和印记。文化是民族的血脉，传统是民族的根本。培养能担负起实现"中国梦"的一代新人，是教育的首要任务。

古话说：坐而论道不如起而行之。学校围绕"养德润心，做有根的中国人"这一办学目标，依托传统文化，以形式多样、丰富多彩的课程作为"五育融通"的契合点，积极搭建多样平台，通过课程引领、思想浸润、活动体验、融合育人，着力在坚定理想信念、厚植爱国主义情怀、提升品德修养、增长知识见识、培养奋斗精神、增强综合素质上下功夫，使学生学会做人、学会求知、学会劳动、学会生活、学会健体、学会审美，使学生得到全面和谐的发展，文化底蕴根深蒂固。

让学生在多元课程中实现生命成长
——"五育"课程总体框架

在教育快速发展的今天,"五育"融合是当前及未来基础教育改革重要的发展方向和路径之一,有助于提升育人质量。课程是学校的灵魂,也是学校办学发展的基础。课程改革将我们的目光聚集在了探寻学生发展的本质需求上,"五育并举"也成为撬动我校课程文化发展的支点。为了将"五育"融合校本化,我校借改革的东风,结合"五育"理念,以"阳光自信"为核心思想,以"养德润心,做有根的中国人"为办学目标,以打造具有民族传统特色的"五育"融合教育品牌为重点,依托课程改革和社团活动,探索构建了较为成熟的校本化课程体系。

培养什么人是教育的首要问题。校本课程和国家课程、地方课程一样,要有自己的课程理念、课程计划和评价标准,不仅要在创建中突显课程特点,更要创新课程内容,真正实现有目标、有计划的教学。所以,我们把"五育"作为课程之基,学校的"五育"课程在严格落实国家课程和地方课程的基础上,顺应儿童成长的需求，不断延展课程的广度、深度，给予学生更加多元、丰富的课程体验，进一步明确了推进核心素养落地、促进学生全面发展的育人目标。

“五育”课程体系按照“1123566”的框架构建。其中，“11”是以“立德树人”为核心，以“培养有根的中国人”为目标；“2”是增强“两个自信”，即文化自信、情感自信；“3”是以“国家、地方、校本三级课程”为途径；“5”是以“德、智、体、美、劳”五育为载体；“66”是在“坚持理想信念、厚植爱国主义情怀、提升道德修养、增长知识见识、培养奋斗精神、增强综合素质”六个方面下功夫，要注重培养学生“人文底蕴、科学精神、学会学习、健康生活、责任担当、实践创新”六大核心素养。

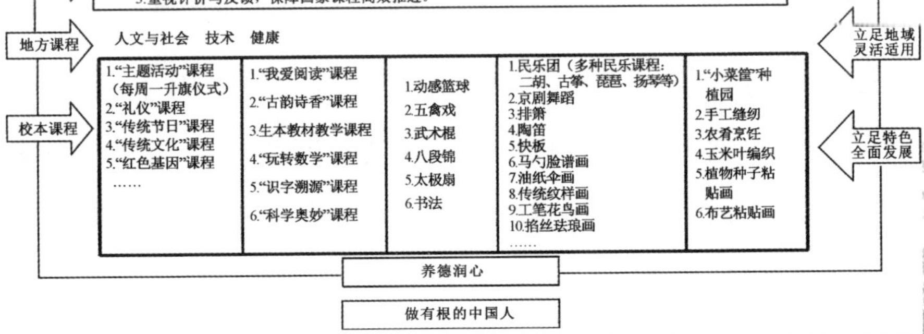

传承礼仪文化，浸润学生心灵
——涵养德行之根

我国素称"礼仪之邦"，礼仪文化是我国传统文化的重要内容，而礼仪教育伴随着每个学生的成长。为了让学生从小养成"懂礼、知礼、学礼、用礼"的好习惯，我校深耕传统文化，扎实推进礼仪教育，开设了"修身"校本课程，在潜移默化中，使学生的心灵得到浸润、气质得到提升。

一、新生入学"礼"育

我们为一年级新生量身定制了"新生入学典礼"。十米长卷上端端正正写下"人"字，寓意走进校园学写中国字，学做一个大写的、堂堂正正的中国人；朱砂启智，寓意开蒙，要为"中华之崛起""实现伟大的中国梦"而读书；赠送书签，寓意走进校园就要学读书、爱读书、好读书，让阅读陪伴一生；入学宣誓，全体新生举起右拳大声宣誓，让誓言激励成长。难忘的入学过程，成为学生一生的"开蒙"记忆。

二、尊圣贤"礼"育

走近先师孔子，追寻圣源圣迹。本着重要日子去文庙、其他时间立足学校的原则，每年五年级毕业季，学校都要举行祭孔大典。

学校操场上学生列队整齐，伴随着庄严的升国旗仪式，"祭孔大典"正式开始，师生们肃整衣冠，端身正意，齐唱国歌，鲜艳的五星红旗徐徐升起，迎风飘扬。学生高声诵读《论语》名句，古老的诗句与音符透过时间的尘埃，传递着师生对孔子这位伟大先哲的怀念和敬仰。

2019 年，适逢孔子 2570 周年诞辰，学校组织学生到文庙举行祭孔大典。学生身着汉服体验庄严的拜师礼，用古礼的仪式感展现对圣贤教诲的敬畏之心；学生通过了解汉服文化、礼乐文化，溯本求源，感知泱泱中华、巍巍华夏；学生在中华传统礼仪的感召下尊师、亲师、敬师。我们的老师深受激励，立志以孔子为榜样，做中华优秀传统文化的传承者和发扬者。礼，是敬，是雅，是静，是净。100 名学生表演手语舞蹈《礼》，敬师长、静言行、净心灵。

三、"一日三省"浸润"礼"育

学校遵循"晨励志、午感恩、暮自省"的课程模式，帮助学生每日浸润在礼育之中。

"晨励志",早晨,学校设置了"礼仪小标兵"岗位,将礼仪文化传递给每一位进入校园的同学和老师。8 点 20 分,励志教育准时开始,广播中响起悦耳的音乐,让学生感受到学习是一件美好的事情。学生听从德育校长的指令:"课前准备!正衣冠,静心神,听,悦耳的音乐已经响起,学习就如同这音乐一般是一件美好的事。树理想,想一想,你的理想是什么?让我们心怀着美好的愿望,为中华之崛起而读书!"并大声表达"为中华之崛起而读书!"的美好愿望。学生在这 2 分钟的仪式中开始了一天的学习。

"午感恩",尊师重道,感恩教诲。中午进行课前准备时,学生表演手语舞蹈《听我说谢谢你》,朗诵感恩词:"感恩每一滴水,它将我滋养。感恩每一枝花,它带给我芬芳。感恩每一朵白云,它编织我的梦想。感恩每一缕阳光,感恩大自然的一草一木,它托起我生命的希望。感恩我们亲爱的父母,给予了我生命。感恩我们敬爱的老师,教我知识、教我做人、助我成长。感恩帮助过我的人,他使我感受到善良。感恩我生命中遇到的顺境与逆境,让我学会了要谦虚、要宽容、要豁达、要乐观、要勇敢、要坚强。"每日中午 3 分钟的感恩仪式,使感恩之情浸润每个学生的心灵,鼓励学生以感恩之心努力学习、关爱他人、回馈社会,共同创造和谐与美好。

"暮自省",晚上放学前,伴随着动听的歌曲,师生齐诵自省词:"(师)同学们,伴着动听的歌曲,一天美好的学习生活即将结束。这一天,老师教给我们知识和做人的道理。我们对老师说:(生)老师!感谢您的教导。(师)这一天,伙伴们陪着我们活动、游戏。我们对同学说:(生)同学!真高兴有你的相伴。(师)如果今天我们足够努力,请你一定要坚持。如果今天我们还有不足,请你一定要改进。孩子们!加油努力!(生)加油!努力!(师)背起书包,走出校门。请记住,你是王岗的好少年。(生)举止文明,待人有礼。爱护环境,遵守秩序。(师)放学了!走进家门,放下书包。我们要做父母的好孩子。(生)理解父母,关爱家人。热爱劳动,严于律己。(师)同学们,现在请你闭上眼睛,我们一起来想一想今天的收获,反思一下今天的不足,再感受一下今天的美好。睁开双眼,正衣冠,准备迎接更好的自己!(生)准备迎接更好的自己!"每日放学前 4 分钟的自省仪式,使学生将一天学习的收获、生活的感悟反思内化,从而启智、明理。

四、环境"礼"育

学校在走廊里布置文化长廊,张贴名家名篇;把《三字经》《弟子规》这些礼仪书籍引进校园;利用校园广播,播放与礼仪相关的古诗、音乐等,营造礼仪教育氛围。各班设计了富有中华优秀传统文化特色的班标、班徽、口号,打造个性班级,让教室成为学生温馨的家园,使中华优秀传统文化上墙、入心。良好的校园氛围可以使学生心情愉悦地学习,无声的感染才是最有力量的教育。

学校将礼仪教育渗透于学生每日的每个细节中，使学生在看一看、学一学、动一动中养成知礼、懂礼、行礼的文明礼仪习惯。路漫漫其修远兮，在礼仪教育的道路上，王岗镇中心小学校将继续发掘有意义的教育内容，逐步打造礼仪教育校本课程。

经典浸润童年，雅言传承美德
——文化底蕴之根

经典是中华传统文化的精华，是古圣先贤留给我们的关于宇宙、人生的真理，是学生一生做人、修身、养性的准则。为此，我校开设了“诵经典”校本课程，引领学生走进经典诗词，领略传统文化的魅力。

一、精心挑选诵读内容

《论语》虽成书于两千多年前，但它仍与我们今日的生活息息相关，它所倡导的那些做人做事的原则已经渗入我们的血液之中，无形中成为指导我们为人处世的规范。诵读《论语》能让学生回归正统文化、回归传统价值观。《笠翁对韵》能让学生欣赏到优美的诗句，还能使其从字里行间中学到很多知识，得到语音、词汇、修辞的训练。《少年中国说》《满江红》彰显了国人的傲然脊梁，蕴含着民族的浩然正气，是历史的巍然丰碑，因此作为必背篇目，可以在大型活动中表演展示。除此之外，学生还要背诵小学必背古诗词 75 篇,而且每个学年都有特色诵读篇目,各美其美,美美与共。

二、用心编排诵读时间

我校规定学生每天诵读时间不少于 20 分钟,采用“晨诵、午读、暮吟”的阅读方式。晨会诵读:每天早晨 8:00—8:20 为诵读经典的时间,全校师生共同诵读“精彩片段、好词佳句、经典诗文”,琅琅的诵读声让校园早晨呈现最亮丽的风景。课前吟诵:充分利用每节课课前一分钟时间,开展“课前吟诵”活动,要做到“读而常吟之”“学而时习之”,吟诵的具体内容可以是老师提前布置好的,也可以是学校的诵读计划所安排的,同学们齐诵,达到互相学习、交流的目的。课后诵读:午休时,学生伴随着《论语》诵读声用餐;下午上课前,学生边走边诵读《论语》进入教室;放学时,学生和着节奏,在《笠翁对韵》的歌声中离开校园……从诵《笠翁对韵》到唱《笠翁对韵》,再到做《笠翁对韵》手语操,不同形式的诵读活动随学生的兴趣自由开展,使学生在游戏中品读国学、体味诗韵、彰显人文素养。

三、悉心验收诵读成果

学校依托《论语》《笠翁对韵》《少年中国说》《满江红》等名家名篇,以“诵”“讲”“绘”“写”“演”的方式加深学生对国学经典文化的深入理解,丰厚学生的文化底蕴。通过搜集作者、古诗中的故事,使学生更好地理解诗词中的内容和作者要表达的思想情感；开展古诗改写，把诗词中的人、事、物、景等以记叙文或说明文的形式展现出来；通过古诗配画，将国画课程和软笔书法课程相结合，使学生把对古诗的理解以书画形式表达出来；通过古诗表演，使学生把古诗中的故事创作编排成课本剧表演出来。

四、慧心滋养诵读情操

学校每月举行一次古诗词验收，每学期举办一次“我和经典有个约会”古诗词大会，还有古诗词书画展、古诗词课本剧大赛等。学校通过日“熏”、周“润”、月“育”的培养模式，引领学生将“看的、听的、读的”用多种形式表现出来，让所学知识由输入转向输出，使自身在内化与外显中不断地拔高、提升。学生从小读这些经典，就是接通了和祖先的气脉。人在儿童时期记忆力强，一旦背诵下来，终生难忘，终身受益。

五、倡导课外经典阅读

在语文学习中，许多学生不但迷上了古诗词，还对民族文化的其他内容开始感兴趣了。我国的名著花园里蕴含着一座巨大的知识宝库，等待我们去探索。我们充分利用课堂资源激发学生阅读名著的兴趣，不失时机地推荐经典名著，引导学生去读“四大名著”、读《三字经》、读《论语》……学生因此认识了为祖国“吾将上下而求索”的屈原、“位卑未敢忘忧国”的陆游、“先天下之忧而忧，后天下之乐而乐”的范仲淹……阅读经典名著有助于培养学生“天下为公”的理念，“富贵不能淫，贫贱不能移，威武不能屈"的操守,"己欲立而立人,己欲达而达人""己所不欲,勿施于人"的原则,"天行健,君子以自强不息"的意志,"地势坤,君子以厚德载物"的雅量。对祖国经典著作进行推荐和引用,应该是弘扬传统文化最好的途径。

积淀艺术底蕴，提升学生气质
——艺术修养之根

“树人”教育的课程有别于国家课程，更注重文化艺术的浸润。学生在中国浓厚的传统艺术浸染中，不断得到熏陶，逐步积淀艺术底蕴，形成优雅情趣。

一、“习礼乐——清音雅乐”

孔子曰：“兴于诗，立于礼，成于乐。”中华优秀传统文化源远流长，熠熠生辉的国学经典是中华优秀传统文化的精粹。我校一至五年级利用音乐课全面开设陶笛课程，让学生从小掌握一门乐器演奏技能。学校以传统文化为依托，开发了民乐团（包含古筝、二胡、笛子、琵琶、阮、陶笛、排箫）、合唱团、管乐团等。学校立足于传统音乐文化的学习，增强学生对民族音乐更广泛的认识与传承，为不同学生彰显个性和展现特长提供舞台。

民乐课程一直是我校音乐教育的一个特色，也是学校素质教育的一个重要组成部分，在学校发展中占有重要的地位。

2016 年 1 月 8 日,王岗镇中心小学校"小白杨"民乐团成立。香港阳中翼集团为我校捐赠了价值 10 万余元的民族乐器并为民乐团成立授牌,使我校的艺术教育锦上添花。至今,学校民乐团已经培养了六批队员。2019 年,学校又为民乐团更换了老旧乐器,补充了竹笛、古筝等新乐器。民乐团现有指导教师 3 名、队员 40 名,包括拉弦乐器组、弹拨乐器组、吹管乐器组。民乐团以"以乐养性情,以乐开眼界"为宗旨,为学校营造了良好的中华艺术校园文化氛围。民乐团实施"三定四有一反馈"制度。所谓"三定",即"定时间":每周一、周五中午,按时开展活动;"定地点":每个乐器组都有固定的训练场室,练习合奏时,乐团会集中到音美课程活动室;"定内容":每年民乐团的活动都有年度计划。"四有",即乐团活动有计划、有考勤、有场室、有乐器。"一反馈",即指导教师将每次乐团活动情况进行记录,及时汇报。

近几年,民乐团以多种形式的器乐表演,在校园艺术节活动中成为最亮丽的风景线,在教育局组织的历次文艺汇演中均获奖项。通过几年的积累,我们已经有多个成品节目,民乐团的孩子们演奏的器乐合奏曲《喜洋洋》《荷塘月色》《金蛇狂舞》以其优美的旋律、精彩的舞台呈现,赢得了各级领导及家长们的一致好评。

走进王岗镇中心小学校民乐团的课程室,身为中国人的民族自豪感就会自然而然地被唤起,情不自禁地去触摸那些流淌在中华文明灿烂长河中的音符。相信学校的民乐团会越办越好，给更多的民乐爱好者带去视觉和听觉上的享受。

二、“亲国粹——古韵遗艺”

学校在常规的书法和美术课基础上拓展延伸，开设了戏剧快板和雅集两类课程。戏剧快板包括京剧舞蹈、戏剧变脸、快板等课程，雅集包括中国画、茶艺、古诗吟唱、书法等课程。学生利用每天中午和周二特色课程时间上课，把中华优秀传统文化精髓传承发扬。每年的艺术节是学生释放美、绽放美、享受美的最好契机。

我们伟大祖国有着悠久的历史和灿烂的文化，为保护和传承非物质文化遗产，提高和增强学生对文化遗产的认知水平和保护意识，学校设立了掐丝珐琅画、剪纸、十字绣、马勺脸谱画、团扇、油纸伞画、梭子画、麻绳彩瓶等非遗课程，让学生零距离感受非遗文化的魅力。学生通过每天中午非遗课程的学习，对非遗有了更深的了解，充分感受到了中华优秀传统文化的博大精深，进一步增强了民族自豪感。不仅如此，学校还将师生创作的非遗文化作品进行了展示，让非遗之花绽放在校园，让古老的非遗在王岗绽放新颜。

强健体魄筑魂，体育运动育人
——强身健体之根

“体者，载知识之车而寓道德之舍也”“无体，是无德智也”。体育是学校教育的重要组成部分，是“五育”中的重要环节，是“人的全面发展”的关键一维，重视学校体育发展是新时代的历史使命与责任。我校秉持“弘扬传统文化，培养有根的中国人”的教育理念，构建特色校园体育艺术文化，引导学生在体育运动中享受乐趣、增强体质、健全人格、锤炼意志。

一、完善体制，构建体系

体育是实现立德树人、提升学生综合素质的基础性工程，除担负着提高少年儿童身体素质这一主要任务外，还承担着立德树人的根本使命。我校以帮助学生培养运动兴趣、掌握运动技能、养成健康习惯、增强体质为出发点，以创新体育工作的形式、内容、方法为手段，充分发挥体育在学生思政教育、身心健康教育、审美素养教育和健康文明生活方式养成中的多元育人功能，建立健全体育教育新模式。学校以跑、跳、投等基本技能为基础,以田径、篮球、韵律操等运动项目为依托,以武术棍、太极扇、五禽戏、八段锦等中华传统体育项目为补充,实现课内外体育活动一体化,丰富体育课程育人实效。

除了丰富多彩的内容外,在课程设置方面,我校也是别具匠心,一直坚持"体育课+大课间+体育社团课+体育训练队+体育居家锻炼作业+体育特色活动"六大策略全力推进,让体育在每一天里悄然发生。

二、规范管理,狠抓落实

我校的"体育",坚持以育人为本、面向全体;坚持特色发展、分类指导;坚持改革创新、协同推进。

1. 在教学时间上,以两类教学时间为主

(1)我校以学科课堂教学时间为基础,开展基础、拓展课程的基础性学习,以及国家课程校本化、多学科融合的拓展性学习。

(2)我校依托课程超市时间(即校本课程选修课时间:每周二下午),开设多种层级的选择性体育校本课程。

2. 在实践活动上,以三类体育活动为主

(1)我校坚持以普及课堂教学为重点,夯实体育教育基础。

(2)我校开展中华传统体育项目进校园活动。

(3)我校积极组织体育活动比赛,以体育节大型艺术活动、校园体育星级达人评选、队列队形活动展示、动感篮球操比赛等活动为载体，彰显学生的体育技能，提升学生的体育素养，培养学生的民族情怀。

三、全面融合，实践育人

校本体育课程已成为学校特色发展的领跑者，小学又是弘扬中华传统体育文化的一个最关键、最基础的启蒙地，且开展民族传统体育不但可以培养学生的爱国情操，还可以塑造其完美的人格。因此，我校一直在探寻适合学生个性特点的体育教育模式，努力为学生搭建起更多的成长平台。

1. 礼韵相融，知行合一

孔子云："不学礼，无以立"，重礼仪是中华民族的传统美德。为了营造文明有礼的校园氛围，进一步强化学生的礼仪意识，使学生感受礼仪的文化底蕴，学生展示优雅大方的形象，学校将礼仪知识内容进行创编，以手语舞的形式融入每天上午、下午的第一节课前，作为课前礼仪修身课。通过每天的身体力行，学生更深入地理解了礼仪的内涵，增强了礼仪意识，从而成长为一个知礼仪、懂感恩的阳光少年。

2. 动静结合，强心健体

为了提高学生身体素质和身心健康水平，响应"阳光体育运动"的口号，丰富学生课余文化生活，增强学生体质，培养学生终身锻炼的良好习惯，我校将民族传统体育项目融入大课间操中，展现学生良好精神面貌的同时，增强学生的民族自豪感。

上午阳光大课间，千余名学生齐做动感篮球操，在动感的韵律中，培养手、眼、动作的协调性，强化团结协作的意识，同时也展示了学校健康活泼、积极向上的精神风貌！

下午阳光大课间的中华传统体育项目五禽戏，刚柔并济、内外兼修，能修身养性、防病疗愈，既可增强学生体质，又可营造校园文体活动的良好氛围。下午的五禽戏与上午的篮球操相呼应，可谓一静一动，让学生动静兼修。

我们又创编了“循礼铭志”武术操，希望借中华文化之精髓与体育的精魄来炼就学生的生命之光。

3. 走班选课，个性发展

民族传统体育是中国传统文化的重要组成部分，具有深厚的文化底蕴和巨大的社会价值。因此，结合我校“弘扬传统文化，培养有根的中国人”这一教育理念，学校开设了具有民族文化气息的课程，为学生营造传统体育项目学习氛围，在全面提高学生身体素质及体育运动能力的同时，弘扬传统文化，增强学生的民族认同感。除武术棍、八段锦、太极扇、五禽戏外，还增设了篮球、象棋、田径、足球、花样跳绳等体育兴趣小组 10 余个，有助于激发学生的运动兴趣，为其创造展现自我的平台，还可以让学生在强心健体、提高身体素质的基础上弘扬中国传统文化。

为提高学生综合体育素养，同时结合我校场地较小这一现实，我们开展了每周二下午的走班选课活动。“走班”就是学生打破原来常态化的年级和班级界限,依照自己的兴趣、爱好、特长,自主选择教师和活动内容、形式,与教师进行自由选择和双向选择,从而建立新的班集体。该活动坚持"以兴趣为主"的原则,充分挖掘教师的专长,设置各种内容,提供"菜单式"服务供学生选择。

4. 家校联动,促全面发展

我校将学校、家庭相互渗透、有机结合,实现体育"家校一体化",共同促进学生身心健康,培养学生学习能力,助力学生持续发展。

(1)学校生活。学校利用每天早晨或每周体活课,通过"跑时间"的方式增加学生运动量,使每名学生每周跑步达到 20 分钟以上。

(2)联动家庭。在新冠肺炎疫情期间,学校体育教师以网络平台为载体,点对点对每个学生及其家庭成员进行专业的体育指导,通过制作小视频、制定专业体育锻炼指南、每日运动打卡等方式,确保学生及其家庭成员的每日运动量,增进老师与学生、学校与家庭的紧密联系。

学校每天一小时的体育锻炼,每月一项的主题体育活动,每学期一次的篮球操展演、队列队形的展示,每年一次的体质健康监测、校园体育节等,让学生在强度、力度中壮筋骨、强体能、炼意志、修品行,在动静中体会内生力量的蓬勃生长,增加生命的厚度。

体育铸魂运匠心，大道至简谋实干，师生同舟又共济，五育融合育匠人。在今后的工作中，我们将再接再厉，继续以体育引领“五育并举”，使学生健体强心、全面发展，为提高学生素质、做好各项体育工作做出新的贡献。

以"劳"树德，以"劳"育美
——劳动实践之根

新时代劳动教育课程在目标上强调的不仅是劳动知识、技能的学习，更是劳动态度、劳动习惯、劳动价值观的培养。立足于人的全面而自由发展的教育形态，注重以手脑并重的亲身劳动为载体，让学生在出力流汗的劳动实践中，实现树德、增智、强体、育美、创新的全面发展，是对传统劳动教育的主动继承和积极扬弃。

如何让劳动教育回归"生本"课程本真？基于此问题，我校通过前期组织教师查阅文献、实地调研、上网查询等多种方式搜集农耕相关的课程资源，再经过仔细斟酌、筛选和整理，最终打造了一个融农业科普教育、农业文化教育、农作体验、农耕文化传播于一体的农耕课程体系，围绕农时、农肴、农具、农作、农技开展多维度、多向面的亲身体验、实践操作活动，从而达成亲农耕、学科普、乐成长的目的。通过开展农耕文化学习活动，学生了解了我国的农耕文化及历史，认识了近代的农耕工具及用途。

通过观察、了解、体验，学生接受到了不一样的文化洗礼，更加懂得尊重劳动，尊重生活！

一、农耕课程理念

我校依托校园生态环境，构建了以一个中心（以学生在田园中健康快乐成长为中心）、两个基本培养点（一是创设合适的情境，培养学生热爱劳动的习惯，提高学生解决生活中实际问题的能力；二是通过有效的田园课堂教育教学活动，落实“以劳树人”根本任务）为总目标的“农耕”课程体系。我校通过多种途径，找到学习的起点，使学生的思维得到已有经验的支撑，帮助学生内化所掌握的知识，稳步提升学生核心素养。

二、农耕课程目标

我们让学生在自然中学习知识和技能；在劳动中观察、思考和积累，感受自然的美好，享受成长的快乐；在实践中学会自己解决问题，主动去探究，在玩中获取知识，提高可持续发展的学习能力；在家庭中了解父母劳动的艰辛，掌握最基本的生活技能，并能够主动地承担力所能及的家务。

三、农耕课程框架

我们通过对地域资源和农耕文化资源的深度挖掘，梳理出以农时、农肴、农具、农作、农技为代表的“五农”课程框架。

(1)农时课程是通过搜集春夏秋冬四季农谚,加深学生对农业生产、农耕文化、农耕精神的理解和认识。

(2)农肴课程主要关涉黑龙江特有的主食、特色东北菜等,通过介绍极富地方特色的食材和食物,使学生关注、喜爱地方特色美食,了解黑龙江所蕴含的丰富的地方饮食文化,进而产生文化认同,增强家乡自豪感。

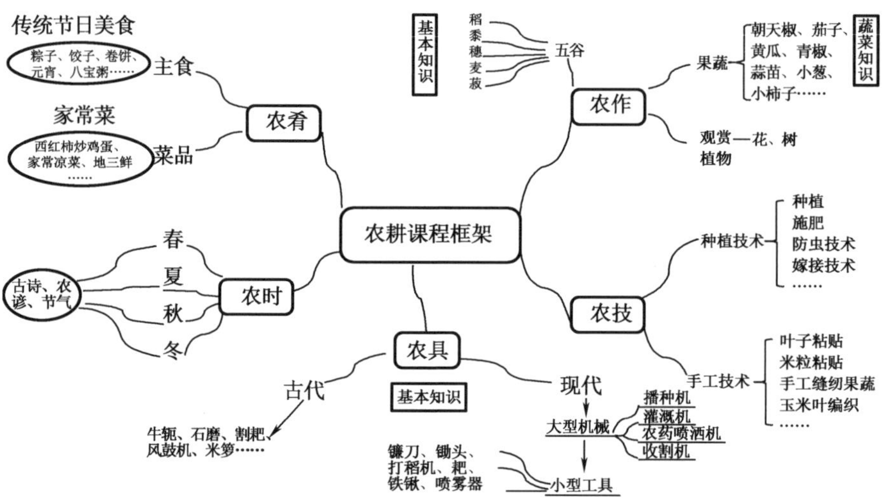

(3)农具课程是通过对传统农具、现代农用设备以及现代农业生产技术的介绍,使学生感受农业现代化进程中劳动人民的智慧与结晶。

(4)农作课程以蔬菜作物、观赏类植物为主线,让学生了解不同种类农作物的生长条件、生长规律、种植与管理的方法、营养价值及其与人类的关系。

(5)农技课程则以"农艺、布艺、蛋艺、叶艺、纸艺"为载体,以培养学生创新能力和实践能力为核心，构建了学科课程渗透、德育活动推进、艺术特长训练、校园文化熏陶的整体格局，以特色牵动整体，促进学校的全面提升。

四、五艺劳技课程实践

1. 开发五艺劳技课程，拉近学生与生活的距离

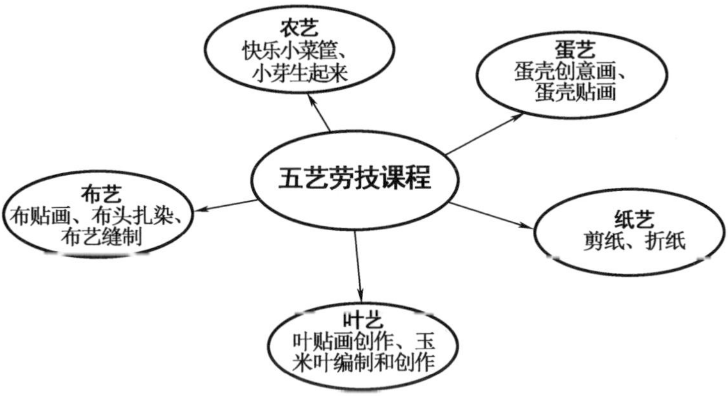

目前小学生普遍存在自理能力欠缺以及劳动意识淡薄的问题，农耕劳技课程的开设，不仅可以让学生体会到劳动的艰辛，而且可以让他们感受到丰收的喜悦。这门常规化的课程，比蜻蜓点水式的劳动实践更能发挥出教育的作用。

(1)播种快乐小菜园

为培养学生亲农、爱农、爱劳动、爱家乡的情感及综合实践能力，我校把农艺体验区分为两大板块：一是夏季“快乐小菜

筐";二是冬季"小芽生起来"。

夏季,学校在教学楼前布置了小菜筐,在综合楼后面开垦出一块"拓展种植区",组织学生到小菜筐、小菜园开展实践活动,为师生提供生物观察和参与农事的环境。师生一起种植时令蔬菜、瓜果,通过选种、育苗、耕作、采摘等环节,亲历农作物从种到收的整个过程。为了扩大影响,学校以班级为单位,采用"点线面"相结合的方式经营管理。每班有固定的菜筐数额及耕种品种,并定期进行施肥、除草。到了六、七月份,校园满是一派绿意盎然的景象。

冬季,学生在班级开展了"小芽生起来"活动,自己种,自己看护,同时写观察日记。学校在他们心中播种的不只是知识的种子和技能的种子,也让他们在劳动中回归自然,亲近土地,感受到劳动的光荣,体验人对生活的能动创造。

(2)妙"布"可言创无限

布,是我们生活中常见的物品!不同的布,蕴藏着不同的传统文化印记,散发着浓浓的文化气息,包含着我们特殊的情感和美好的回忆!对于学生来说,布是什么呢?是一幅画,呈现一个五彩的世界;是一个故事,传递着心灵深处的情感;是一个空间,打开了艺术思维的通道,释放了无限想象。在这里,学生可以用他明亮的眼睛去寻找、发现身边各种各样的布的图案和颜色;可以用他敏锐的触觉去感知布的质感;可以用无限的灵感去想象,创造"布"的艺术!

我校的布艺课程分为两类：

第一类是布贴画。画图、剪裁、组合、修整，小小的布贴画，看上去好像只是将布条简单地剪裁后拼接上去，其实背后经历了多道工序。学生充分发挥自己的聪明才智，利用各色碎布精心设计拼贴出一幅幅精美的布贴画作品。此课程不但增进了学生对布贴画的认识与了解，激发了学生对生活材料再利用的环保意识，还提高了他们对生活材料的再利用能力。

第二类是简单缝制。随着现代机器化生产的快速发展，学生对于生活中必要的日常手缝日渐生疏，但手缝技艺却是生活中简单的必不可少的生活小技能。学会应用手缝技艺，这“一针一线一布”不仅能提高学生生活自理能力，培养其设计意识，而且能给他们的生活增添众多小乐趣。

该课程主题明确，选用的材料大多是生活中易得的废旧布料，可操作性强，是适合学生操作的一种手工制作。学校组织学生在从平面到立体、从单一到组合、变废为宝等方面进行布艺应用创意设计，有效地培养了学生的动手能力，激发了学生的创新精神。

学生参与布艺创作活动，要融入“构思、选材、剪裁、贴缝”等制作过程中，需要尝试使用各种工具，如剪刀、刻刀、针、线、胶水、刷子。学生通过眼、手、脑的活动体验，丰富了视觉、触觉和审美感受，提升了艺术情趣，培养了动手能力。可以说，布艺课程的开设使学生的综合能力得到了很大提升。

(3)贴出绚烂的童年

植物的叶子在日常生活中随处可见,我们根据学生的年龄特点在低年级和中年级开设了"叶贴画创作"课程,在高年级开设了"玉米叶编制和创作"课程。

叶贴画制作的素材易取,且易于操作。通过"采集—整理—分类—压制—构图—粘贴—命名—保存"这些步骤,普通的树叶、寻常的花瓣,经过学生筛选、加工、粘贴,演绎出了大千世界的精彩。每个学生必须亲自动手,学会动脑,运用想象力和创造力才能完成一幅作品。

玉米叶的编制和创作的素材资源丰富,利于环保。学校引导学生把平时认为毫无价值的玉米叶处理后制成如花瓶、干花等艺术品,编制成我们生活中的杯垫、坐垫和筐等生活用品,这样小小的玉米叶就变废为宝了。由于玉米叶具有低碳环保价值,极利于室内装饰,具有一定的使用价值,因此今后我校会逐步引领学生学习玉米叶的熏蒸、染色等技术,并尝试用玉米叶编制壁挂,进一步拓展学生体验创新的空间。

一张张叶贴画,一件件玉米叶作品,不仅可以丰富学生的知识,而且可以培养他们的耐心及动手操作能力,更可以提升他们发现美、创造美、欣赏美的素养。

(4)蛋壳梦工厂

鸡蛋是生活中常见的物品,很多时候我们都是把蛋壳剥下直接扔掉。然而被丢弃的蛋壳,其实是一种非常好的美工材料。

我们既可以在蛋壳上作画,还可以把蛋壳敲碎,制作粘贴画。同时可以让学生知道,生活中很多东西都是可以再利用的,从而培养学生的环保、节约意识。

蛋壳创意画:学生在教师的指导下,尽情地在蛋壳上挥洒他们天马行空的想象力,有的学生在蛋壳上描绘大自然中的植物,有的学生在蛋壳上进行表情包的创作,各色表情让人忍俊不禁。

蛋壳贴画:学生先在纸上画好自己喜欢的图案,再把蛋壳敲碎,用镊子把蛋壳一块块粘到画上去。课堂上,教师不会拿一幅作品让学生照着画,而是会出示一个主题让学生自由发挥想象,然后进行引导、启发,通过师生合作让每一幅画都有主题、有故事、有创意。蛋壳贴画讲究的是耐心、细心、专心,有时一节课只能粘好一小块画面,但却培养和锻炼了学生的专注力。自从开展蛋壳贴画教学,多动好动的学生都变得稳当了,并逐步养成了爱观察、善思考的习惯。

蛋壳彩泥创作:学生以蛋壳为载体,用彩泥混搭,创作出自己喜欢的作品。

(5)剪折纸想象跳

剪纸艺术是我国的非物质文化遗产,也是中小学美术课程中的重要组成部分。我校将剪纸融入美术教学中,让学生在课堂上了解剪纸的历史,学习剪纸的基本方法,从传统到现代,从技巧到艺术特色,启迪着学生的认知思维,通过鉴赏和分析,使学生感受到民间剪纸艺术的魅力,同时对中国的传统文化有了进一步的了解。折叠、剪、画等操作，锻炼了学生双手的灵活性和协调性，培养了学生的空间感、立体感。富有个性的剪纸作品，激发了学生探索的欲望，激活了学生的创造思维，促进了学生的个性发展。

折纸也是深受学生喜欢的手工活动，同时也是一项手、眼、脑并用的益智活动，它源于中国，并在中国大地上绵延传承，是我国民间艺术的经典。折纸简单易行，变化多样，学生通过自己灵巧的小手，运用折、叠、翻、拉等手法，一会儿工夫就把一张张薄纸变成了一个个可爱的小动物、一座座漂亮的房屋或者一件件车船玩具。学生在翻、折的过程中，丰富了知识，激发了想象力，提高了动手能力，增长了智慧。

2. 整合五艺课程，消融学科边界

五艺课程的每一项内容都不是孤立的，其同国家课程之间存在着很多的内在联系，因为其是建立在国家课程计划框架内的。所以，我们的课程是处在辅助位置，辅助国家课程顺利地实施，同时，国家课程为五艺课程提供素材，使其更有内涵。我们在实施过程中尽量做到四个整合，即课程内容整合、教学方法整合、与学生已有生活经验整合、学科之间整合。其目的是让五艺课程内容与其他课程内容相联系，使学生能够把所学的知识贯穿起来，从而提高知识的综合运用能力，提升综合素质。

比如，在蛋艺作品创作中，我们将其与语文学科进行整合，以语文课文中的成语故事、诗词歌赋、课文重点句子所描述的情景为素材，先用简笔画的形式勾画出基础画面，再以小组合作的方式将蛋皮粘贴其上。这样的学与画相结合、画与写相结合，不仅让学生体验“我笔画我心”的过程，更深层次地培养了学生的动手实践能力、审美能力，诠释了诗情画意的美好情境。

在快乐小菜园实践活动中，我们将其与综合实践课进行整合，将农艺内容充实到综合实践课中，让学生写观察日记，促使学生通过观察获得科学知识，发现写作素材，写出美文。例如，学生的种豆芽系列观察日记，记录了种豆芽的全过程。学生通过种植实践，积累了农业科学知识；通过写观察日记和科普小作文，提高了观察能力和写作水平。数学课上讲到对称图形时，我们让学生动手剪出自己喜爱的图案，折出一个喜爱的对称小物件，然后让学生指出它们的对称轴在哪里。枯燥的课堂立马变得生动了，学生学得津津有味了，知识掌握得也扎实了。

3. 巧妙布置楼廊，营造育人环境

春风化雨，润物无声。环境作为一种“隐性教育”，对学生的成长起着潜移默化的作用。为进一步推进校园文化建设，学校努力做到使“墙壁也说话”，融教育性、知识性和艺术性于一体，构成了一道生动且文化气息十足的走廊文化风景线。

我校利用外墙体打造出了一条农耕文化氛围浓厚的长廊，通过整个墙壁可以领略春种、夏长、秋收、冬藏的田园风光，感知二十四节气的变化规律，品味流传千古的农谚俗语。

另外，我校还创建了农耕文化馆，以农作、农食、农时为元素划分出不同的功能领域，通过实物、壁画、文字等，原汁原味、全方位地展现出传统农耕风貌，勾勒出一幅立体的农耕文化图。馆内陈列着犁、锄、簸箕等各类农耕用具，每一件农具都有名称、用途和演变过程的介绍，还精选了植物、作物的种子，精心设计了一面新颖的、生生不息的“种子墙”。

综合楼注重向学生介绍剪纸、折纸的历史，展示学生优秀剪纸作品。驻足纸艺主题墙前，我们可以感受到我国剪纸文化历史的源远流长。

主楼一楼为叶艺主题。走进其中，无不感叹，一片片不起眼的树叶、玉米叶在学生手中都变成了灵动而美丽的作品。

主楼二、三楼主要展示的是蛋艺和布艺。碎布不是废布，蛋壳不是垃圾，它们在学生手中变废为宝，化腐朽为神奇。它们经过学生的构思、裁剪、粘贴、渲染，就形成了这一幅幅有点稚嫩却充满童心的布贴画和蛋壳贴画。学生不但创造了美，还与他人分享了美，更学会了欣赏美，环保教育做到了润物无声。

4. 因势利导，拓展育人渠道

开设“做生活的小主人”自理课程，使学生从小事做起，从力所能及的事做起。扫地、洗碗、整理书架、洗袜子、整理衣物……虽然做的都是小事，但通过这些力所能及的家务劳动，却可以培养学生的自理能力与基本的劳动技能。

开设“小厨师，大厨艺”厨艺课程。正所谓“民以食为天”，食物的重要性不言而喻。中国的饮食文化丰富多样，具有深厚的历史文化底蕴和浓郁的地域文化色彩。我们的东北菜又极具地方特色,是中国十大菜系之一。学生在家长的协助下变身小小厨师,用稚嫩的小手,用烹、炒、煎、炸、蒸等方式打造着幸福的味道。

我校遵循“尊重兴趣、基于经验、联系生活、多元选择、着眼发展”等原则,超越简单的体力劳动教育,对传统劳动教育的内涵进行拓展与丰富,让学生在动手、动脑的同时从事创意活动,体验过程。使学生在进行劳动实践、劳动创造的同时,增添审美发现、艺术创作的喜悦。使劳动教育课从课堂育人到开放育人,从书本育人到生活育人,从知识育人到实践育人,在育人模式的转换中形成立德树人的新样态,教育和引导学生崇尚劳动、尊重劳动、热爱劳动,促进学生德智体美劳全面发展。

生命在"循文化"与"强体魄"中闪光
——"循礼铭志"武术操

中华文化博大精深,历代文脉濯濯,正所谓:"濯濯其韵,以此传之子孙。"中国的经典文学作品,不仅仅是文学作品,更是反映中华文化精髓的经典。武术则彰显了中华民族几千年的文明,孕育了中华儿女世代的飒爽,蕴含了中华民族不朽的智慧与创造,赋予了中华沃土一番瑰丽神奇。举茫茫人海之盾,觅芸芸众生之机,在"循礼铭志"的征程中,我们更需要用中华文化之精髓与体育的精魄来炼就学生的生命之光。

一、《千字文》引领,"礼"敬天地自然

"天地玄黄,宇宙洪荒。日月盈昃,辰宿列张。寒来暑往,秋收冬藏。闰余成岁,律吕调阳。"句句押韵,前后贯通,以开天辟地拉开人处于天地之间的帷幕,直点中华文化的核心——天人合一的文化思想。"天人合一"是中华文化的精髓,悠远又无垠的宇宙是生命的来处,天地人间是人返璞归真的道场。"循

礼铭志”武术操的开始采用了《易筋经》中的动作，强健体魄的同时静心宁神。朗朗的诵词与刚劲有力的动作，让人与自然“天人合一”。

二、《弟子规》规范行为，“礼”敬父母

孟子曰：“人人亲其亲，长其长，而天下平。”我们引用《弟子规》中“弟子规，圣人训。首孝悌，次谨信。泛爱众，而亲仁。有余力，则学文。父母呼，应勿缓。父母命，行勿懒。父母教，须敬听。父母责，须顺承”这八句话，充分阐明了作为学生的基本言行规范，也是在告诉学生，百善孝为先。而八段锦的加入虽是外在肢体的动，但可以在连绵不断中使学生获得“虽动尤静，动中寓静”的感知，帮助学生学会调理气息，强身健体。“一张一弛，文武之道也”，在此基础上让学生明白：孝，其为人之木也，只有懂得感恩父母的人，才能算是一个完整的人。

三、《少年中国说》厚植情怀，“礼”敬国家

“少年智则国智，少年富则国富；少年强则国强，少年独立则国独立；少年自由则国自由，少年进步则国进步……”学生用稚嫩童声朗诵着《少年中国说》，时而来套武术拳，时而表演并步推掌……字字铿锵、动作张弛有度，将中国传统武术的恢宏气势演绎得淋漓尽致。《少年中国说》与武术的结合，寓爱国主义教育于武术操之中，振奋学生的民族精神，帮助学生树立民族自

尊心、自豪感和振兴中华的远大志向，让学生真正感悟"天下兴亡匹夫有责"的担当，厚植爱国主义情怀。

四、励志展宏图，为振兴中华而读书

志存高远才能登高望远，胸怀天下方可大展宏图。以校训"知恩感恩、知责尽责、自尊自爱、自立自强"结尾，让每一个王岗娃都有感恩之心、担责之举。我们共同喊出我们的办学目标："养德润心，做有根的中国人"，让高远之志化作学生内在的刚毅与动力，以破除未来的一切艰苦、挫败和困难，引领他们不断向前、迎难而上。

人若有志，万事可为！最后采用老祖宗传下来的抱拳礼结束本套武术操。

家校共育篇

关注特殊学生，携手个体施教
——家校共育之道

家庭教育关乎人成长的根本，它是“培根教育”。“培根教育”做得如何直接关系着孩子的成长和未来。如果说，我们把教育比作一棵参天大树，学校教育是树干，家庭教育则是枝叶，树干培育得好，大树才能枝繁叶茂；枝叶修剪得好，吸收了充足的光和养料，树干才不会枯朽，焕发出勃勃生机。水有源，树有根，这些都是家庭教育和学校教育并肩奋斗的结果。家校共育，目标在“育”，关键在“共”。只有携手合作，教育才会朝着既定方向飞速发展，才能真正取得“1+1>2”的效果。

近年来，我校不断搜集发生在身边的各种典型事例，开展家庭教育创新，把提高家长素质、指导家长学习科学的家教理论和方法作为一项工程，纳入学校工作计划中来。结合特殊学生个案跟踪服务指导，推进了家庭教育与学校教育的结合和良性互动，找到了创新开展家庭教育工作的着力点。通过研究成功家庭教育个案，提炼推广策略；通过对案例进行分析，构建个性化、亲情化、灵活可持续的全员育人、全方位育人模式;通过分类关注和个体施教突破家庭教育的瓶颈,用尊重和行动来鼓励、关爱每一个特殊学生,让他们绽放不一样的风采。

家庭和学校作为学生重要的社会化场所,只有实现功能互补、互相促进,才能形成教育合力,最终实现家庭教育、学校教育的协调发展。我们坚信,一朵朵生命之花会在我们的精心呵护下,一路欢唱、竞相绽放。让我们一起静待花开!

凝聚产生力量，沟通创造和谐
——家庭教育整体框架

家庭和学校是教育学生的两个重要阵地，家庭教育与学校教育只有产生真正的沟通与互动，形成合力，才能共同为孩子扣好人生第一粒扣子。因此，我们遵循儿童身心发展的规律和家庭教育指导工作规律，成立了“养德润心社”，通过构建“学校—家庭”协同育人的教育平台，创设“沟通—交流—合作—分享”的育人框架，努力实现家校教育相长，逐渐形成了具有特色的家校共育模式。

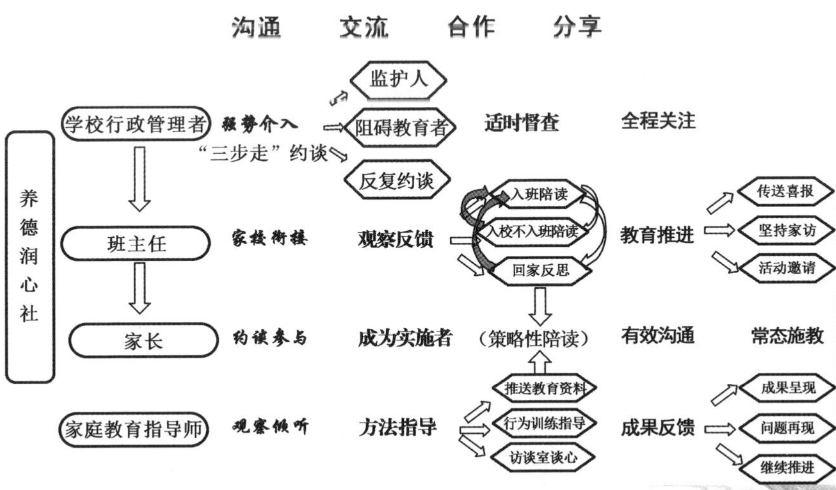

学校打破教育的围墙，依托家庭教育推进学校教育，实现家校之间互通、互动、互助、互补，把立德树人转化为同心、同向、同力的具体行动，构建行动上一致、内容上聚焦、形式上开放、过程上协同、成果上凸显的育人新生态。

学校行政管理者对特殊学生的问题先行介入，采用"三步走"的约谈方式跟进教育引导，改变家长的教育观念，使其认识到问题的严重性。随着工作的深入开展，学校行政管理者则慢慢转变为观察者与引导者。班主任作为学生的第一教育者，全程参与其中，不但能做好与学校的有效衔接，同时能够将学生的行为表现向家长以及家庭教育指导师进行有效反馈。在学校及家庭教育指导师的指导初见成效后，班主任应跟进教育，拉近与学生之间的关系，使学生建立自信，从而提升教育效果。

家庭教育指导师作为家庭教育的重要实施者，起初只是参与学校约谈，以一名倾听者的身份了解特殊学生的症结及其家庭成员的态度表现。在了解基本情况后，家庭教育指导师针对学生出现的问题进行相应的家庭教育方法策略的指导，帮助家长达到学校基本规范的要求，使家长有法可依、班主任工作不烦恼。

学校的教育远不是教育的全部，只有家校携手，共同致力于构建一个目标一致、内容衔接、功能互补、配合密切的和谐教育场，才能为学生的全面、健康发展创造良好的教育生态，为学生撑起一片草长莺飞、花红柳绿的人间四月天。家校合作是一项崇高的事业，做好不易，做优更难。但只要遵循规律、立足实际、持之以恒、埋头苦干，就一定可以做出不凡的业绩。

直面特殊学生，走家校共育之路
——特殊学生家庭教育的有效途径

特殊学生大多被称为学生群体中的“另类”，他们有的是身体残疾儿童或智障儿童，有的是单亲家庭子女，还有的是留守儿童、贫困儿童。特殊的家庭环境和成长经历，使一些学生出现了“问题”：性格孤僻、心理脆弱、言行偏激、不思进取。这类学生往往还是“麻烦的制造者”，常常在班级“兴风作浪”，扰得“四邻不安”。教师在这些学生的身上倾注了大量的心血，但这条教育之路走得异常艰辛，稍有不慎，就会引发师生冲突，激化家校矛盾，阻碍教育教学工作的顺利开展。

正所谓：思想有多远，行动就有多远。家校共育，目标在“育”，关键在“共”，只有家校合作、协同育人，才能真正取得“1+1>2”的效果。鉴于此，学校成立了“养德润心社”，期望通过不断的探究与摸索，掌握更多关于“特殊学生”教育的技巧与策略，借助家校共育的力量，为特殊学生铺设一条较为平坦且光明的未来之路。

一、教育目标

学校通过对特殊学生群体的调查研究，找出影响特殊学生健康成长的原因，有针对性地制定行之有效的措施和办法，狠抓落实，为他们营造健康、快乐、平等、和谐的成长环境。同时，加强领导，形成学校与家庭教育的合力，以弥补特殊学生感情缺失，给智障学生以特殊的爱，让自闭的学生舒展心灵，充分享受来自学校和家庭的关爱，享受学习带给他们的快乐。

二、组织领导

组长：刘红艳

副组长：王秀丽

成员：刘晓辉、刘慧、高飞、王光宇

三、共育力量

面对特殊学生，家校共育的力量来自以下四方面：学校行政管理者、班主任、家庭教育指导师、家长，这四方面力量在家校共育的不同阶段起着不同的作用。

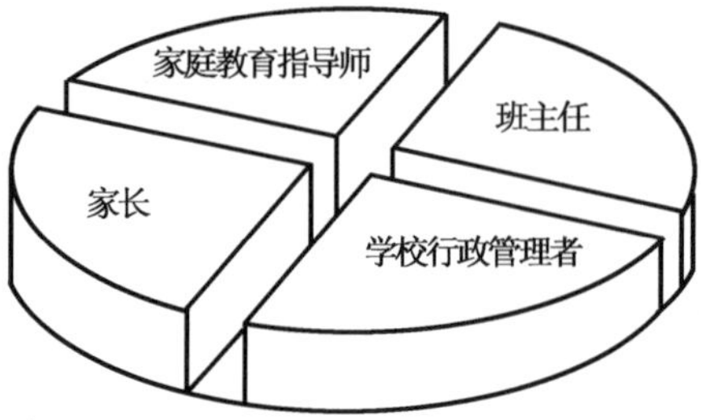

四、实施策略

在家庭教育中,学校和教师应该做些什么?如果用一个词语概括,那就是"指导",充分发挥学校和教师在家庭教育中的指导作用。发挥学校教育的优势,对家庭教育进行专业的指导,提高家庭教育质量,进一步完善"家庭、学校、社会"三位一体的大教育格局,逐步形成家校携手、共同育人的教育体系。为此,我校提出家庭教育"四个一工程"实施策略:

(1)建立一个家庭教育中心。其主要任务是培养专业的家庭教育指导师,帮助教师、家长和学生解决家庭教育中的问题,以家庭教育访谈室为载体,通过访谈疏导思想、消除症结、研究办法。访谈的对象有学生,有家长,也有教师。

(2)打造一支家庭教育队伍。学校的每位教师,尤其是班主任,应把科学的教育理念、先进的教育思想、实效的教育方法等传递给家庭、家长。

(3)研究一项家庭教育课题。通过"发现问题—解决问题"这一路径,学校与教师不断积累家庭教育研究经验,梳理总结家庭教育成果。

(4)发现一个家庭教育问题。每位教师都要主动发现家庭教育的问题,并积极采取办法解决,解决不了的上报到学校家庭教育中心。

五、实施步骤

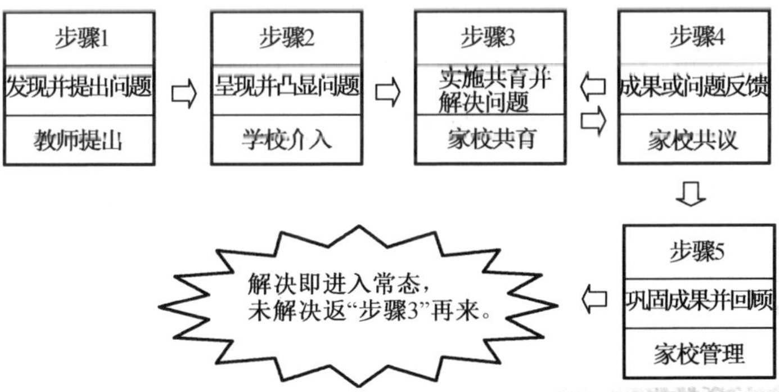

学校针对特殊学生的不同特点,通过行政管理者、班主任、

家庭教育指导师进行三级管理,采取帮扶、帮教形式,为家长提供家庭教育方面的方法策略指导,切实让家长认识问题、改变观念、获得方法,进而改善家庭教育环境,从根本上解决特殊学生的问题。

第一步:发现并提出问题

在学校日常教育教学中,班主任能够很快发现班级中的特殊学生,在运用常规教育手段无法达到教育效果时,班主任要边观察、收集特殊学生相关表现和信息,边把特殊学生的情况向学校反映。

【此阶段为发现问题、提出问题阶段,实施主体为班主任。】

第二步:呈现并凸显问题

在班主任将特殊学生的阻滞点进行梳理、备案,与学校进行有效衔接后,学校行政管理者介入,采用"三步走"的约谈方式跟进教育引导:先是约谈主要负责人(监护人),再约谈阻碍家庭教育的主要人物,然后发现问题点并根据情况进行反复约谈。

【此阶段为呈现、凸显问题阶段,学校行政管理者介入,就是要引起家长重视,希望通过多次约谈改变家长的教育观念,使其能够认识到问题的严重性,积极投入教育中来。实施主体为学校行政管理者。】

第三步:实施共育并解决问题

在反复约谈未果的情况下,学校会采取强制教育法,要求家长入校陪读,由家庭教育指导师进行方法指导。学校从"陪是为了不陪”这一思想出发，让家长明白陪读的目的是解决现有的问题，让学生更好地成长，最后实现不需家长陪读，学生即可在学校正常学习。

【此阶段为深入实施家校共育、解决问题阶段，需要家长与家庭教育指导师密切配合，实施主体为家庭教育指导师和家长。】

第四步：成果或问题反馈

在家长的大力支持和班主任、家庭教育指导师的教育引导下，学生在家校一致的教育管理理念中不断进步、成长，或者一段时间的家校共育没有起到什么效果，尚需要家校四方力量在一起共同评议，对于教育的效果、进一步实施的方法形成共识，或进入下一步，或返回上一步。

【此阶段为家庭教育的阶段总结和反馈阶段，需要形成下一步教育的计划，共议主体为学校行政管理者、家庭教育指导师、班主任和家长。】

第五步：巩固成果并回顾

班主任作为学生的第一教育者，一定要把推动家校共育当成日常工作来抓。在学校及家庭教育指导师的指导初见成效之后，班主任应继续跟进，建立与家长的持续联系，在学生出现问题反复的情况下，随时给予指导并进行管理，让学生逐渐融入班集体，成为班级中一名不再“特殊”的学生。

【此阶段为家庭教育的巩固阶段，也是面对特殊学生家校

共育的最后一个阶段。实施主体为班主任和家长。】

总之,要教育好一个学生,不能只靠班主任一个人,而是要调动一切可以调动的力量,形成教育的合力,有目的、有实效地开展各种活动。在活动中,家长应掌握最基本的家庭教育方法及策略,同时学校也要持之以恒,常抓不懈,使每一位特殊学生都能顺利成长。

今天我们关注的特殊学生仅是受教育群体中的少数,也许我们会付出十倍百倍的心血和汗水,但是我们正改变着一个学生的命运、一个家庭的未来,这就是教育的意义所在,是雪中送炭的感动,是功德无量的举动。让我们共同期待那一夕花开、繁星满天时。

直面特殊学生，走家校共育之路
——特殊学生家庭教育过程中的具体案例

针对特殊学生的教育我们才刚刚开始，我们在教育活动中一边行路、一边思考、一边探索、一边解决。既然说成"特殊"，那么每个孩子和对每个孩子的教育方式就都是不同的，因此我们既需要"摸透"学生、科学"施导"，也需要积累"个例"，形成"案例"，为进一步做好特殊学生的家庭教育收集资料、积攒经验、提供依据、总结方法，为家庭教育的有效实施做"在路上"的努力。

一、评估教育类型及危害教学程度

古语云："蓬生麻中，不扶而直；白沙在涅，与之俱黑。"环境塑造人，也影响人，为孩子创设良好的成长环境，转变其学习态度，使其健康快乐成长是我们的当务之急。我们只有全面、深入、细致地了解每一个学生的特殊之处，才能做到心中有数，教育才能有的放矢，对症下药。

案例1:

闫××患有精神类疾病,情绪会随着环境的变化、周围人的变化而波动,变得不受控。他会经常性地表达要上厕所的想法;或者欺负其他的同学;或者随意在教室里走动;或者做出其他的举动,比如经常性地大喊大叫,制造噪声,甚至会出手打人。

其父亲长期在外工作,和孩子之间没有什么交流,对于孩子的教育仅限于妈妈的打、骂。可想而知,对于在这样的家庭中成长的小闫,沟通已不能解决他的问题了。

案例2:

刘××存在先天问题,医学上称为感统失调。其行为上具体表现为坐立不稳,东倒西歪,只要她感觉累了,就会直接躺在地上或者在哪儿一坐。她的注意力也无法集中,任性调皮,喜欢尖锐或声调特别高的声音,喜欢无缘无故尖叫或自言自语。课堂上会毫无章法地喊叫,甚至会下地走动。偶尔也会出现自言自语的现象,仔细听来就像在说小孩儿过家家的话。

其家里有三个孩子,她是最小的。她父亲常年在外打工,她妈妈一个人照料她们三个孩子。她小时候在奶奶家生活,据她的妈妈说:"孩子调皮的时候,孩子的奶奶就会责骂、呵斥她,因此导致孩子经常会紧张害怕。"她的妈妈把所有的问题都归咎于孩子的奶奶,没有任何想要解决问题的意识。

案例3:

陈××就读于二年七班。上课时,她习惯于侧着坐或者手放在书桌膛里趴着玩彩泥、水粉,拿彩笔把桌布画得乱七八糟,把地面弄得垃圾成堆,有时候甚至脱掉鞋把脚放凳子上发呆。她每天在学校不说一句话,也不会与同学沟通,情绪几乎没有任何变化。

从发育来看,她的外貌及身体状态与其他孩子差不多。与家长沟通后得知,孩子说话比较晚。在她的成长过程中,家长也没有重视她的变化。加上家长忙于工作,平时放学后都是将她交由托管班看管,周末也将她放在托管班,家长与孩子沟通比较少,长此以往,导致孩子自闭,完全沉浸在自己的世界里。

案例4:

常××注意力不集中,爱上厕所。其肢体动作不受控制,频繁动手、动脚,在座位上扭来扭去坐不住,活动量大。且缺乏耐心、意志力,遇事容易冲动,情绪不受控制。

案例5:

于××情绪不太稳定,经常钻到桌子底下,老师和同学叫他也不出来,还会在教室地上来回爬、撕纸条、掰尺子、拒绝学习等。其拒绝与人沟通,情绪激动时会出现打同学的现象。

其父母离婚,父亲常年不在身边,也不过问孩子状况,母亲再婚,且由于工作忙,其由姥爷暂时照顾。家长对孩子关心照顾不到位,致使孩子心理出现问题。

这是一个急需我们关注的群体,有许多亟待我们解决的问题,这条教育之路注定坎坷不断,但我们坚信,不断努力定会有所突破。

二、家庭教育关键环节的具体措施

我们预设的家庭教育的"五步"中,关键环节是第三步,即实施共育并解决问题这一环节,也就是在反复约谈未果的情况下,学校采取强制教育法,要求家长全程"陪伴+观察+干预",与学校密切配合共同解决问题。学校从"陪是为了不陪"这一思想出发,让家长明白全程参与的目的是解决现有的问题,让孩子更好地成长,最后实现不需家长额外干预,学生即可在学校正常学习。这个家长全程参与教育的环节,根据具体情况和程度分为以下三个类型:

1. 班内"观察"

家长深入班级观察,目的不只是发现、确认问题,与学校达成共识,而是要在家庭教育指导师的指导下记录观察情况、随时反馈问题、进行方法学习、制订教育计划、采取干预措施等,与学校一起开展施教行动。同时,家长要及时了解班主任发现的问题,有针对性地对自己的孩子进行个体强化;要及时向家庭教育指导师进行反馈并与之沟通,调整在校干预和在家施教的内容及方法;要在家庭教育指导师的指导下进行相关内容的学习,把学习所获落在孩子身上,解决孩子的问题。在这样的模式下,如果学生行为表现能够达到一般标准,则学生问题得到有效控制和解决,家长可退出教室,结束入班参与教育。

2. 班外“培训”

如果前期家长入班参与教育初见成效,家长可以转为入校不入班,在家长接待室参与相关的家校共育活动。第一,家长与家庭教育指导师近距离深入交流,得到有针对性的、具体的专业指导,梳理前一阶段成效及原因,找到接下来施教的方向和方法,制订新一阶段的教育计划等;第二,等待并接收班主任的反馈,及时与任课教师进行沟通,掌握学生在班级独立学习生活的情况,解决突发或者特殊问题,回家及时跟进施教。此外,家长可以参与学校的各种活动和会议,了解学校的教育理念、教学方式和教育成果;与教师和其他家长交流,共同探讨如何更好地帮助孩子成长;还可以参与学校的志愿者活动,为学校和社区做出贡献,同时也可以让学生看到家长的积极参与和奉献精神,激发学生的社会责任感和爱心。学校也会为家长提供一些教育资源和服务,如家长教育讲座、家长学校、家长微信群等,帮助家长更好地了解学生的成长和教育需求,提供专业的教育指导和支持,促进家校合作,共同为学生的成长和发展提供助力。

此阶段不仅仅是等待学生逐渐进步的阶段,更是家长进一步转变教育理念、提高教育认识、强化教育方法的阶段。如果学生能连续几天做到守规、懂礼,其自身的情况得到很好的控制和改善,那么家长就可以停止入校观察。反之,如果学生在离开家长后，仍影响班级秩序及其他学生的学习，家长将继续入班观察并参与教育，直至学生能够控制情绪与行为，懂礼、守规，能够独立、正常地在学校学习、生活。

3. 家庭"指导"

如果家长入班参与教育一段时间后，学生行为表现无明显效果，甚至在教育过程中孩子与家长经常起争执，已严重影响班级的正常教学秩序，学校会立即停止家长入班参与教育，要求家长将孩子带回家进行反思调整。这个阶段是家长在家庭教育指导师的指导下，在家里单独且有针对性地教育学生的过程。此模式开启的同时，学校将为家长提供两个辅助途径，为家长铺设好在家施教的路径：第一，建立家庭教育指导师与家长的密切联系，让科学的指导路径畅通；第二，建议将"就医问诊"与"音乐疗愈"相结合，让音乐塑造一个温馨的家庭疗愈场。在家庭教育的过程中，家庭教育指导师需要跟家长随时以视频、语音的形式进行沟通指导，并结合近期观察到的学生症结及表现，为家长提供家庭教育参考资料，包括书籍、视频、方法策略等；家长需要按要求提供学生表现的视频等直观资料，供家庭教育指导师了解情况、发现问题、跟进指导。在家庭教育指导师的指导下，经过一段时间有针对性的教育和训练，学生状态有所改变，问题有所解决，学生可返校复课。复课初期，家长还是要入校入班参与教育，直至见到成效为止。

学校根据学生不同的"特殊"情况划分了家校共育的类型，

但不管哪个类型,学校都以“家长要有抓手,处处要有指导,深浅要各不同”为家庭教育的原则,避免引发家长的焦虑情绪,发挥学校的指导作用,形成家校合力,完成家校共育,助推孩子健康成长。

三、家庭教育成果体现的几种样态

在家长的大力支持和班主任、家庭教育指导师的教育引导下,在家校一致的教育管理理念中,学生不断进步、成长。家庭教育的具体策略、效果如下:

1. 情感教育中的转变

因为特殊学生存在不同程度的生理或心理缺陷,故而教师和家长需要在日常的校园和家庭教育中对学生实施情感教育,为学生营造一致的温馨氛围,促使学生在始终萦绕着爱意和温暖的环境中健康成长、不断进步。

例如,在实施情感教育的时候,家长应在家庭中通过鼓励的教育评价、耐心的教育引导、关心的教育呵护等形式实施情感教育,与学校中的情感教育保持一致。实施情感教育后,教师会发现学生出现的点滴变化。一开始,学生对于教师的关怀会产生抗拒的心理。随着家校共育的实施,学生逐渐放下了戒备,他们深深感受到了校园与家庭中一样的满满关怀、感受到了教师与家长一样的耐心呵护。于是,学生在学校与家庭中逐渐建立起归属感,且能够在后续的教育活动中积极参与、踊跃表现。

2. 规则教育中的进步

在实践中，需要保障规则的有效传递，促使学生能够在家庭和校园一致的规则中建立规则意识，培养遵守规则的能力。

例如，在实施规则教育时，在微信群中，家庭教育指导师需要对各位家长讲述规则教育的推进措施，要求家长借助生活规则的训练、人际交往规则的训练等内容循序渐进地对学生实施教育引导。比如说，特殊学生意识到不能插队，需要排队按顺序进出教室，需要按顺序拿取学习用品，需要在得到他人允许后进行物品借用。可见，通过循序渐进、家校一致的规则教育活动的实施，学生会逐步建立规则意识，且能够在家长和教师的共同帮助下养成良好的品行。最终，学生能够在生活和学习中遵守基本的规则，也能够在规则的约束下自主完成一定的学习和生活任务。

3. 能力训练中的提升

能力训练的开展也离不开家校共育的有效推进，家庭教育指导师需要帮助家长了解能力训练的具体方法，促使家长在家庭中也可以有针对性地培养学生的各项能力。

例如，家庭教育指导师可以借助能力训练对家长提出要求，要求家长在家庭中以身作则，对学生实施模仿能力训练。经过专注能力训练，学生可以安静地坐在座位上看书，可以自己的事情自己做；经过学习能力训练，学生能在教师和家长的帮助下参与到问题的思考中，从简单的知识内容入手进行分析，举手回答问题;经过自主操作能力训练,学生能在兴趣的带动下投入校园和家庭的实践活动中,也能在实践体验中实现操作能力的有效锻炼和提升。最终,学生能在家庭教育指导师、班主任和家长的有力配合下实现各项能力的提升与强化。

在家庭教育实施过程中,班主任及时反馈问题和效果,家庭教育指导师做好整理,总结好的做法,家长则将自己的困惑随时向家庭教育指导师反馈,家庭教育指导师结合问题点及时调整教育策略。整个过程都是家庭教育指导师与家长直接对接,班主任则变为观察者和反馈者,大家分工明确、目标一致,为家庭教育提供了保障。

四、家庭教育巩固阶段教师的作用

为了提高家校共育的实施效率,家庭教育指导师通过情感教育使学生感受到温暖和爱护,借助规则教育使学生建立了基本的规则意识,借助能力训练提升了学生的学习能力和操作能力。最终,经过多元化的家校共育,学生将在教师和家长的共同帮助、合力推动下实现进步和成长。

班主任作为学生的第一教育者,一定要把推动家校共育当成日常工作来抓。在学校及家庭教育指导师的指导初见成效后,班主任应继续跟进,建立与家长的联系,随时给予家长反馈。那如何畅通家校交流的渠道呢?

一是传送喜报。当学生有了成绩和成长时,班主任要及时与家长分享,把学生在校的情况,如有趣的发言、好人好事、好成绩等点滴进步,以喜报的形式向家长汇报。这种形式的交流既可以密切教师、学生和家长之间的关系,又能够增强学生的自信心。

二是坚持家访。每一年寒暑假,班主任都要到特殊学生的家中至少家访一次。班主任换一种身份、换一种语气与学生交流,也许会收到意想不到的效果。

三是活动邀请。学校组织集体活动时,可以邀请家长来参与,这样做的目的是缩短家长与学校、家长与学生之间的距离,同时也为转变家长教育观念奠定基础。

以上这些家庭教育工作中的案例和具体做法是我们在工作中积累和总结的,相信随着家庭教育的深入、认识的不断提升、工作方式的不断丰富,更多的好做法也会不断产生。我们更相信,在我们的不断努力下,我校家庭教育将更加科学、系统地开展,使更多的特殊学生及其家庭从中受益。

附 录

王岗镇中心小学校教师发展结构图

王岗镇中心小学校"五育"课程框架图

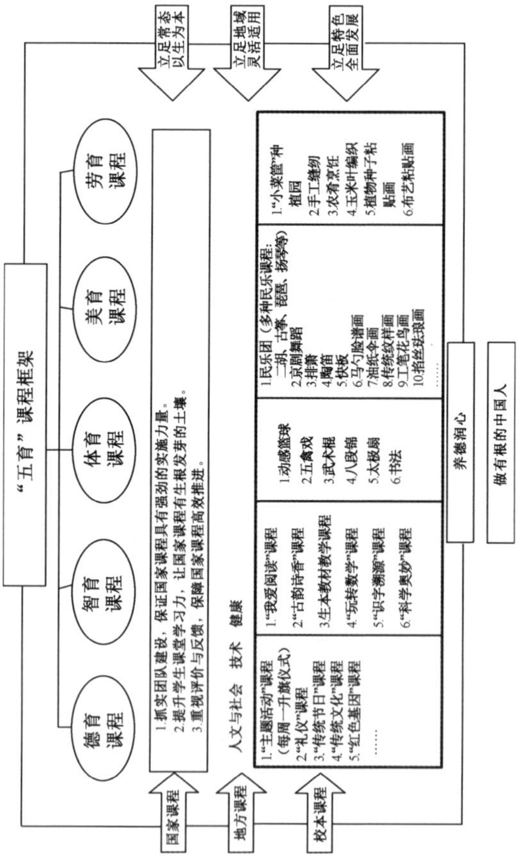

王岗镇中心小学校家校共育架构图

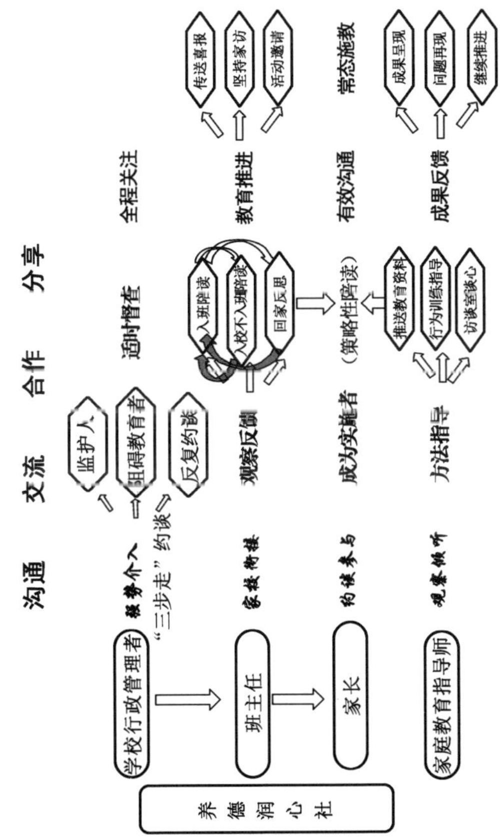

王岗镇中心小学校"晨诵读"课程篇目

学校统一领诵篇目：

《笠翁对韵》上卷(上学期)

《笠翁对韵》下卷(下学期)

班级自主诵读篇目：

《论语》

《满江红》

《少年中国说》

小学生必背古诗词 75 首

王岗镇中心小学校“午诵读”课程篇目

《论语》：

（一）学而篇	（二）为政篇	（三）八佾篇
（四）里仁篇	（五）公冶长篇	（六）雍也篇
（七）述而篇	（八）泰伯篇	（九）子罕篇
（十）乡党篇	（十一）先进篇	（十二）颜渊篇
（十三）子路篇	（十四）宪问篇	（十五）卫灵公篇
（十六）季氏篇	（十七）阳货篇	（十八）微子篇
（十九）子张篇	（二十）尧曰篇	

王岗镇中心小学校"晨励志"课程内容

朗诵词：

（师）

课前准备！

正衣冠，

静心神，

听，

悦耳的音乐已经响起，

学习就如同这音乐一般是一件美好的事。

树理想，

想一想，你的理想是什么？

让我们心怀着美好的愿望，为中华之崛起而读书！

（生）

为中华之崛起而读书！

王岗镇中心小学校“午感恩”课程内容

朗诵词：

(师)

亲爱的同学们，下午的课程开始了。

起立，正衣冠。

(生)

感恩每一滴水，

它将我滋养。

感恩每一枝花，

它带给我芬芳。

感恩每一朵白云，

它编织我的梦想。

感恩每一缕阳光，

感恩大自然的一草一木，

它托起我生命的希望。

感恩我们亲爱的父母，

给予了我生命。

感恩我们敬爱的老师，

教我知识、教我做人、助我成长。

感恩帮助过我的人，

他使我感受到善良。

感恩我生命中遇到的顺境与逆境，

让我学会了要谦虚、要宽容、要豁达、要乐观、要勇敢、要坚强。

（师）

同学们，

让我们以感恩之心，

努力学习、关爱他人、回馈社会，

共同创造和谐与美好。

露出微笑，

提神正身，

开始上课。

王岗镇中心小学校“暮自省”课程内容

朗诵词：

(师)

同学们，

伴着动听的歌曲，

一天美好的学习生活即将结束。

这一天，

老师教给我们知识和做人的道理。

我们对老师说：

(生)

老师！

感谢您的教导。

(师)

这一天，

伙伴们陪着我们活动、游戏。

我们对同学说：

(生)

同学！

真高兴有你的相伴。

(师)

如果今天我们足够努力，

请你一定要坚持。

如果今天我们还有不足，

请你一定要改进。

孩子们！

加油努力！

（生）

加油！努力！

（师）

背起书包，

走出校门。

请记住，

你是王岗的好少年。

（生）

举止文明，

待人有礼。

爱护环境，

遵守秩序。

（师）

放学了！

走进家门，

放下书包。

我们要做父母的好孩子。

（生）

理解父母，

关爱家人。

热爱劳动，

严于律己。

（师）

同学们，

现在请你闭上眼睛，

我们一起来想一想今天的收获，

反思一下今天的不足，

再感受一下今天的美好。

睁开双眼，

正衣冠，

准备迎接更好的自己！

（生）

准备迎接更好的自己！

王岗镇中心小学校“循礼铭志”武术操

朗诵词：

中华少年，顶天立地当自强。

天地玄黄，宇宙洪荒。

日月盈昃，辰宿列张。

寒来暑往，秋收冬藏。

闰余成岁，律吕调阳，

弟子规，圣人训。

首孝悌，次谨信。

泛爱众，而亲仁。

有余力，则学文。

父母呼，应勿缓。

父母命，行勿懒。

父母教，须敬听。

父母责，须顺承。

少年智，则国智，

少年富，则国富；

少年强，则国强。

少年独立，则国独立。

有志者，事竟成，老妪制针磨铁杵。

苦心人，天不负，愚公移山搬王屋。

新世纪,展宏图,神州少年翩翩舞。

美哉我少年中国,与天不老!

壮哉我中国少年,与国无疆!

王岗学子,

知恩感恩,知责尽责,

自尊自爱,自立自强,

做有根的中国人!

校训：

知恩感恩

知责尽责

自尊自爱

自立自强